GUÍA PRÁCTICA DEL ESTOICISMO

GUÍA PRÁCTICA DEL ESTOICISMO

53 BREVES LECCIONES
PARA UNA VIDA PLENA

MASSIMO PIGLIUCCI

Ariel

Obra editada en colaboración con Editorial Planeta - España

Título original: *A Field Guide to a Happy Life. 53 Brief Lessons for Living*

Bajo el sello editorial ARIEL M.R.
Avenida Presidente Masaryk núm. 111,
Piso 2, Polanco V Sección, Miguel Hidalgo
C.P. 11560, Ciudad de México
www.planetadelibros.com.mx
www.paidos.com.mx

Primera edición impresa en España: abril de 2025
ISBN: 978-84-344-3858-3

Primera edición impresa en México: abril de 2026
ISBN: 978-607-639-207-2

Impreso en los talleres de Litográfica Ingramex, S.A. de C.V.
Centeno núm. 162-1, colonia Granjas Esmeralda, Ciudad de México
Impreso en México – *Printed in Mexico*

A Jennifer, mi mujer, cuyo amor y apoyo
me ayudan a llevar una vida feliz

Índice

Tercera parte
ESTOICISMO 2.0

Primera parte

La apuesta por el filósofo-esclavo

Epicteto y yo

Mi vida cambió de repente y para mejor, en el otoño de 2014.[1] Al menos, un cambio decisivo, profundo y positivo comenzó entonces, y continúa hoy, provocado por mi primera lectura de un filósofo del que nunca había oído hablar, aunque su nombre fuese muy conocido durante unos dieciocho siglos: Epicteto. Estas palabras fueron el detonante:

> Tendré que morir. Si es ahora, pues ahora será; si es más tarde, entonces me iré a comer, porque es la hora de la comida, y ya me moriré luego.[2]

Me estalló la cabeza. ¿Quién demonios era este tipo del siglo I que, en tan pocas palabras, mostraba un irresistible sentido del humor y una actitud tan sensata hacia la vida y la muerte? La verdad es que sabemos muy poco de él. Ni siquiera su verdadero nombre. «Epíktetos» (ἐπίκτητος) en griego quiere decir simplemente 'adquirido', ya que había sido esclavo, nacido alrededor del año 55 en Hierápolis (hoy

Pamukkale, una ciudad de la parte occidental de la actual Turquía). Lo compró Epafródito, un rico liberto, secretario del emperador Nerón.

Algún tiempo después de establecerse en Roma, Epicteto empezó a estudiar filosofía estoica con Musonio Rufo, el maestro más prestigioso de la época. Es posible que esto le ayudara en un episodio decisivo de su vida, cuando quedó lisiado. Orígenes nos cuenta cómo lo afrontó:

> ¿No podrías, entonces, inspirarte en Epicteto, quien, cuando su amo le estaba torciendo la pierna, le dijo, sonriente e impasible: «Me vas a romper la pierna»; y, al rompérsela, añadió: «¿No te dije que me la ibas a romper?».[3]

Más tarde, Epicteto obtuvo la libertad y empezó a enseñar filosofía en Roma. Al principio, las cosas no le fueron del todo bien. Refiriéndose a un suceso que le sobrevino mientras filosofaba por las calles de la capital imperial, contó a uno de sus alumnos:

> Corres el riesgo de que te digan: «¿Qué sabe usted de eso? ¿Y a mí qué me importa?». Si le sigues dando la lata, puede que te dé un puñetazo en la nariz. Yo mismo era aficionado a este tipo de charlas, hasta que me encontré con este tipo de reacción.[4]

Según consta, Epicteto no solo molestaba a la gente de a pie, sino que, como muchos otros estoicos antes y después de él, tenía una temeraria predisposición a bregar con el poder al decir verdades como puños. El emperador Domiciano se lo pagó con una orden de exilio en el año 93. Sin desanimarse, se marchó a Nicópolis, en el noroeste de Grecia, donde fundó una escuela. Esta se convirtió en el lugar más reputado para aprender filosofía de todo el Mediterráneo, a tal punto que un emperador posterior, Adriano, se detuvo allí para visitar y saludar al famoso maestro.

Epicteto, al igual que su mentor, Sócrates, no dejó obra escrita, centrándose más bien en la enseñanza y en debatir con sus numerosos discípulos. Afortunadamente, uno de ellos, Arriano de Nicomedia —que llegaría a ser funcionario del imperio, comandante militar, historiador y también filósofo—, tomó apuntes de dos conjuntos de enseñanzas de Epicteto, los dos únicos que, gracias al alumno, se han conservado. Dichos apuntes fueron recogidos en cuatro volúmenes de *Discursos* (la mitad de los cuales, por desgracia, se han perdido) y una guía breve, o manual, conocido como *Enquiridión.*

Epicteto llevó una vida sencilla, no se casó y no acumuló muchos bienes. Ya anciano, adoptó al hijo de un amigo que, de lo contrario, habría muerto, y lo crio con la ayuda de una mujer. Se cree que murió alrededor del año 135 de nuestra era en torno a los ochenta años, una longevidad más que notable para la época y, de hecho, para cualquier época.[5]

Volviendo a mi descubrimiento de Epicteto. He dicho que me explotó la cabeza. ¡Aluciné! ¿Por qué no me había topado antes con esos escritos? ¿O al menos con su nombre (aunque fuera de segundas)? Yo estaba bastante familiarizado con otros estoicos importantes, en especial Séneca y Marco Aurelio, pero con Epicteto no me había cruzado ni siquiera durante mis clases en la carrera de Filosofía. Quizás su estrella pudo haber quedado eclipsada tras los fuegos artificiales de los filósofos profesionales modernos, tan ocupados casi siempre en todo tipo de filigranas lógicas que el sabio de Hierápolis miraba con desdén.[6] Sin embargo, mantuvo una influencia constante a lo largo de los siglos, y sigue en alza.

Los escritos y enseñanzas de Epicteto, y en particular su *Manual*, no solo ejercieron influencia sobre el emperador Marco Aurelio, el último de los estoicos romanos, sino que el *Enquiridión* fue traducido y adaptado por los cristianos a lo largo de la Edad Media, y utilizado como manual de ejercicios espirituales en los monasterios. En 1479, se imprimió por primera vez, en una traducción latina, gracias a Angelo Poliziano, que la dedicó a los Médici de Florencia. Podríamos decir que la popularidad de la obra alcanzó su cenit entre 1550 y 1750, es decir, entre el Renacimiento y la Ilustración. La primera edición inglesa, de 1567, fue una traducción indirecta, a partir del francés, obra de James Sandford. El misionero jesuita Matteo Ricci la tradujo al chino a principios del siglo XVII. John Harvard legó un ejemplar a su recién fundada universidad en 1638, y Adam Smith, Benjamin Franklin y Thomas Jefferson poseían ejemplares en sus bibliotecas particulares.

Pero el *Manual* de Epicteto también aparece en lugares insospechados a lo largo de la historia. Así, Shakespeare pone en boca de Hamlet una casi paráfrasis de *Enquiridión*: «No hay nada bueno o malo; eso lo hace el pensamiento» (Acto II, Escena II). Epicteto también hace su aparición en el *Pantagruel* de François Rabelais; en *Vida y opiniones del caballero Tristram Shandy* de Laurence Sterne; en *Retrato del artista adolescente* de James Joyce; hasta John Milton lo parafrasea.

Más recientemente, David Mamet y William H. Macy, a quienes debemos el método de interpretación conocido como «estética práctica», citan a Epicteto entre sus fuentes. Lo hace también Albert Ellis, fundador de la terapia racional emotiva conductual, precursora de la terapia cognitivo-conductual, la más exitosa psicoterapia moderna referencial.

La novela *Todo un hombre* de Tom Wolfe, publicada en 1998, presenta a un personaje cuya vida (en prisión) da un vuelco gracias a la lectura del *Enquiridión.* James «Bond» Stockdale, piloto de caza que sirvió y fue hecho prisionero en Vietnam, condecorado con la Medalla de Honor y más tarde candidato a la vicepresidencia de Estados Unidos en 1992, cuenta en sus memorias que Epicteto le salvó la vida durante sus años de encarcelamiento, tortura y aislamiento en el tristemente célebre «Hanoi Hilton».

¿Has oído hablar de la «plegaria de la serenidad»? Fue escrita a principios del siglo XX por el teólogo estadounidense Reinhold Niebuhr y suele ser adoptada por organizaciones de doce pasos como Alcohólicos Anónimos. Reza así:

Dios, concédeme la serenidad para aceptar las cosas que no puedo cambiar,
el valor para cambiar las que sí puedo
y la sabiduría para distinguir unas de otras.

La misma idea está presente en Salomón ibn Gabirol, un filósofo judío del siglo XI, así como en Shantideva, un erudito budista del siglo VIII. La versión más antigua que se conoce es la que encontramos al inicio del *Enquiridión*, como veremos más adelante.

Arriano, el discípulo de Epicteto al que debemos tanto el *Enquiridión* como los *Discursos*, escribió a su amigo Lucio Gelio:

> Cuando [Epicteto] hablaba, era obvio que su único objetivo era mover las mentes de quienes lo escuchaban hacia lo que es mejor. Cuando Epicteto hablaba, su oyente se veía obligado a sentir exactamente lo que Epicteto quería que sintiera.[7]

El mundo es un lugar mejor gracias a que Arriano conservó las enseñanzas de Epicteto, cuyas ideas sobre el funcionamiento del cosmos y sobre cómo comportarse con los demás han beneficiado a un sinfín de personas. En un sentido más amplio, que el estoicismo haya resistido al paso de dos milenios atestigua el pragmatismo fundamental de sus doctrinas y la utilidad de adoptar la filosofía estoica como una brújula para vivir una vida eudaemónica, es decir, una vida que merezca realmente la pena.

Estoy seguro de que Arriano intentó conservar las palabras de Epicteto por respeto, e incluso por amor, a su maestro. Diecinueve siglos después, es el mismo respeto y amor (indirectos) lo que me mueve a proponer esta guía, un intento de actualizar el *Enquiridión,* y con él, todo el sistema estoico. Espero sinceramente que muchas más personas puedan beneficiarse del poder de esta filosofía para cambiar sus vidas para mejor.

Como es lógico y razonable, algunas personas no estarán de acuerdo con las modificaciones que propongo, del mismo modo que los antiguos estoicos discrepaban en cuanto a lo que implicaba o no su filosofía. Naturalmente, incluso esta versión quedará obsoleta con el tiempo; la continua expansión de la comprensión humana justificará nuevos cambios. Los mismos estoicos lo predijeron y lo aceptaron de buen grado.

Algo que no ha cambiado mucho es, sin embargo, la naturaleza humana. Esta es la razón por la que las palabras escritas por y para personas que vivieron hace dos milenios siguen resonando tan claramente en nosotros hoy. Aquellas personas no tenían teléfonos inteligentes ni redes sociales, ni aviones ni armas atómicas. Pero amaban, tenían esperanzas y temores, vivían y morían más o menos como hoy lo hacemos. Y mientras esos hechos básicos de la humanidad se verifiquen, el estoicismo seguirá siendo una de nuestras herramientas más poderosas para soportar los inevitables reveses de la vida y para que disfrutemos más profundamente de todo lo que la vida nos da, si nos dejamos guiar con humildad y sabiduría.

Cómo usar esta guía

Esta guía es un *vademécum*, un libro que se inscribe en una larga tradición de libros *portátiles* que la gente lleva consigo como un compañero.

En la primera parte del libro mi intención es brindar una introducción general al estoicismo y, en especial, a Epicteto, a la que puedas recurrir cuando necesites un breve repaso de los fundamentos de su filosofía.

La parte central es la más importante. Se trata de una guía a modo de cuaderno de campo propiamente dicho, cuya lectura no requiere ningún tipo de conocimiento previo sobre estoicismo, Epicteto o filosofía. Consta de 53 unidades, con una estructura paralela a las mismas 53 del manual original. En algunos casos, mi versión no difiere sustancialmente del texto de Epicteto, así que me he limitado a volcar el pensamiento de Epicteto en un lenguaje actual incluyendo ejemplos más cercanos.

Sin embargo, hay 27 unidades, es decir, cerca de la mitad del total, en las que mi pensamiento se aleja de forma más o menos notoria del de Epicteto. Esos son los aspectos en los que gradualmente llevé a cabo mi proyecto de actualizar el estoicismo adaptándolo al siglo XXI y más allá, ofreciendo eso que llamo, de forma un poco pretenciosa, «Estoicismo 2.0». Los aspectos abordados en las unidades disidentes siguen siendo los mismos que abordó Epicteto, solo que mi enfoque es distinto.

¿Cuán distinto? Lo comentaré en la tercera y última parte de esta guía, planteada como un práctico resumen de cómo el estoicismo moderno —al menos en mi versión— se aparta del «original», teniendo en cuenta, por supuesto, que el estoicismo ha sufrido constantes cambios y actualizaciones a lo largo de los siglos y los milenios.

Estoicismo para principiantes

La historia del estoicismo se remonta a finales del siglo IV a. C., cuando el comerciante fenicio Zenón de Citio llegó a Atenas tras haberlo perdido todo en un naufragio. Diógenes Laercio nos cuenta lo que sucedió a continuación:[1]

> Zenón naufragó en un viaje de Fenicia al Pireo con un cargamento de púrpura. Se fue a Atenas y se sentó en una librería. Tenía, por aquel entonces, unos treinta años. Mientras leía el segundo libro de *Memorabilia* de Jenofonte, sintió una satisfacción tan profunda que preguntó dónde podía encontrar hombres como Sócrates. Como Crates pasó por allí en ese mismo instante, el librero lo señaló y le dijo a Zenón: «Sigue a ese hombre». Desde aquel día se hizo discípulo de Crates.

Memorabilia de Jenofonte es un libro sobre la vida de Sócrates, y Crates de Tebas fue un destacado filósofo cínico. La palabra «cínico» (al igual que la palabra «estoico») no tenía el mismo significado que tiene hoy, sino que hacía referencia a una filosofía orientada hacia un estilo de vida minimalista y al cultivo de la virtud, o la excelencia moral de cada persona. Zenón estudió con Crates y otros filósofos. Alrededor del año 300 antes de nuestra era decidió empezar a enseñar por su cuenta. Quiso hacerlo en un espacio abierto rodeado de columnas, justo al lado del ágora, que era la plaza principal del mercado de Atenas. El espacio se conocía como la *Estoa Poikile*, o 'pórtico pintado'. De ahí el término que aún se utiliza: «Estoicismo».

La nueva filosofía de Zenón enseñaba a vivir «en consonancia con la naturaleza», lo que no se refiere a correr desnudos por el bosque y abrazar árboles (aunque no hay nada malo en hacerlo), sino a tomarnos en serio la naturaleza humana. Para los estoicos, las características más importantes que nos diferencian a los humanos de cualquier otro organismo terrestre son nuestra capacidad de razonar (lo que no significa que siempre, ni siquiera la mayoría de las veces, seamos razonables) y que somos muy sociables. De estas observaciones emana el axioma fundamental de la filosofía estoica: una buena vida humana, lo que los antiguos llamaban una vida eudaemónica, es aquella que se vive aplicando la razón a la mejora de la sociedad.

Los estoicos eran cosmopolitas. Consideraban a la raza humana como una gran hermandad. A diferencia de la mayoría de las escuelas filosóficas de su época, reconocían en las mujeres las mismas capacidades intelectuales que en los hombres. Desarrollaron una filosofía de vida muy práctica, un modo de ver las cosas que dio en llamarse «el arte de vivir».

Para empezar a pensar y actuar como un estoico, podemos recurrir a las llamadas virtudes cardinales como brújula moral para todo lo que hagamos. Estas virtudes, como los puntos cardinales, son cuatro: sabiduría práctica, valor, justicia y templanza. Así se definen:

1. La SABIDURÍA PRÁCTICA es el conocimiento que nos permite reconocer y distinguir lo que realmente es bueno para nosotros de lo que realmente es malo. Para los estoicos, esto se reduce a la comprensión de que lo único bueno es la virtud, o excelencia de carácter, y lo único malo es el vicio, o defecto de carácter. Todo lo demás —incluyendo aquello que casi todos deseamos, como la salud, la riqueza, la fama, etcétera— es «indiferente», lo que significa que esas cosas pueden ser razonablemente «elegidas» o preferidas en detrimento de otras, pero son moralmente neutras. En otras palabras, ser rico puede resultar placentero, pero la riqueza no hace que nadie sea mejor persona; ser pobre puede resultar molesto, pero no convierte a nadie en una mala persona; y viceversa.
2. El VALOR es la propensión para tener una actitud moral ante el peligro o en situaciones en

las que uno preferiría no hacer nada y no exponerse a la crítica o a represalias.

3. La JUSTICIA significa actuar de forma justa con los demás, tratarlos como querríamos ser tratados por ellos y respetar siempre su dignidad como seres humanos.
4. La TEMPLANZA es la inclinación para proceder con mesura, a tratar las cosas sin exceso ni defecto.

Un aspecto crucial de la doctrina estoica es la notable interdependencia de estas cuatro virtudes, todas ellas aspectos de una virtud más fundamental que podríamos denominar simplemente sabiduría; por ejemplo, no se puede ser a la vez valiente e injusto. Si nos enfrentamos a una situación peligrosa o comprometida sin razón o por una razón equivocada, lo nuestro no será valor moral, sino pura bravata, o algo peor.

Pongamos por caso que fuéramos testigos de cómo un jefe acosa a una compañera en el trabajo. ¿Deberíamos intervenir? La respuesta de los estoicos pasa por desplegar las cuatro virtudes simultáneamente. La sabiduría práctica nos recuerda que intervenir en este tipo de situaciones es bueno para el carácter, mientras que no intervenir es malo, así que la respuesta, en este caso, es sí. El valor exige intervenir aun a costa de sufrir represalias por parte del jefe. La justicia dice que a nadie le gustaría que le acosaran, pero que, si sucediera, sería de agradecer que otra persona te defendiese. Así que la lógica exige hacer lo mismo por los demás. Por último, la templanza sugiere la forma adecuada de responder al jefe: ni objetando en voz baja (defecto), ni arremetiendo contra él y dándole un puñetazo en la cara (exceso).

Aunque los estoicos idearon una serie de ejercicios prácticos específicos[2] para ser mejores seres humanos —desde escribir un diario o apuntes personales hasta meditar o someterse a formas moderadas de privación temporal—, si aplicamos de forma constante y concienzuda estas cuatro virtudes nos ayudarán en gran medida a mejorar nuestro carácter y a lo que los estoicos llaman la cosmópolis humana.

Filosofía epictetiana para principiantes

Epicteto, que vivió varios siglos después de Zenón, introdujo una serie de innovaciones en el estoicismo, entre ellas una forma radicalmente nueva de ponerlo en práctica. Esto no debería sorprendernos, puesto que las filosofías —y, en cierto modo, las religiones— son conjuntos dinámicos de ideas constantemente cuestionadas, tanto a nivel interno como externo. Por eso, todas las filosofías cambian y se adaptan para poder ser llevadas a la práctica y mantener su relevancia en cada momento.

De hecho, tan solo dos generaciones después de Zenón, Crisipo de Soli, uno de los más eminentes lógicos del mundo antiguo, hizo tantos ajustes al estoicismo original que Diógenes Laercio llegó a comentar: «De no ser por Crisipo, no habría existido el Pórtico». Con esta frase daba a entender que Crisipo transformó y mejoró considerablemente el sistema estoico.[1] Tanto antes como después de eso, los estoicos fueron cuestionados por los epicúreos y los escépticos académicos, y su filosofía evolucionó a lo largo de tres grandes periodos denominados, de forma algo aburrida, Estoa temprana, media y tardía.

Una de las innovaciones que Epicteto aportó al estoicismo fue el desarrollo de una sofisticada «ética de roles», un abordaje de la ética que reconoce la importancia cabal de los distintos roles que todos desempeñamos en la vida, desde el rol genérico de un ser humano en la sociedad hasta los roles que elegimos para nosotros mismos, como ser padre o amigo, y otros que nos son impuestos, como ser hijo o hija. La ética de roles de Epicteto constituyó una profundización y un avance respecto a un concepto similar desarrollado por Panaecio, un filósofo de la Estoa media, que vivió entre el 185 y el 109 antes de nuestra era.

Quiero centrarme aquí en dos aspectos capitales de la filosofía de Epicteto que considero fundamentales para entender y utilizar adecuadamente esta guía: la llamada «dicotomía del control» y «las tres disciplinas» de la práctica estoica.[2]

La DICOTOMÍA DEL CONTROL es una noción planteada por primera vez por Epicteto al inicio del *Enquiridión*:

> Hay cosas que están en nuestro poder, y otras que no. Están en nuestro poder la opinión, la motivación, el deseo, la aversión y, en resumen, cualquier cosa que obremos nosotros mismos; no están en nuestro poder nuestro cuerpo, nuestra propiedad, reputación, posición pública y, en resumen, cualquier cosa en que no obremos nosotros mismos.

En lenguaje actual, y, en resumidas cuentas, esto significa que somos responsables única y exclusivamente de lo que libremente opinamos, los juicios que hacemos y los valores que defendemos, y de nuestras decisiones de actuar o dejar de hacerlo. Eso es todo. Ni siquiera controlamos en buena parte nuestra vida mental, que según la ciencia cognitiva moderna es mayormente automática. En todo lo demás —sobre todo en aspectos externos como la salud, la riqueza, la reputación, etcétera— podemos intentar ejercer alguna influencia, pero en última instancia todo eso depende de una combinación de circunstancias con acciones de otras personas. Como dice la «plegaria de la serenidad», la idea fundamental es que hace falta cultivar la sabiduría para saber distinguir entre lo que está bajo nuestro control y lo que no está, para tener el valor de afrontar lo que sí y la ecuanimidad para aceptar lo que no.

La dicotomía del control no la inventó originalmente Epicteto, aunque la situó en el centro de su estoicismo. En comparación con sus predecesores, Epicteto articuló más claramente la dicotomía del control, se dedicó a explorar sus consecuencias y la aplicó sistemáticamente a sus enseñanzas. No obstante, podemos encontrar versiones anteriores de esta noción en Séneca, cuando contrapone la virtud (que depende de nosotros) a lo externo (que depende de la Fortuna).[3] La dicotomía del control también está implícita en *De los fines de los bienes y los males* de Cicerón. Aunque Cicerón —que vivió entre 106 y 43 antes de nuestra era— no fuera un estoico, sino un escéptico académico, simpatizaba con el estoicismo y lo conoció de primera mano a través del estoico medio Posidonio. De hecho, Cicerón propuso la que considero todavía la mejor metáfora que conozco para entender adecuadamente la dicotomía del control:

> Si alguien se propusiera hacer puntería con una lanza o una flecha hacia un blanco determinado, su fin último, correspondiente al bien supremo del que hablan [los estoicos] sería hacer todo lo posible para no fallar el objetivo: esta persona tendría que hacer todo lo posible para no fallar; sin embargo, aunque hiciera todo lo posible para lograr su propósito, su «fin último», por así decirlo, sería lo que corresponde al llamado Bien Principal en la conducta de la vida, mientras que dar en el blanco podría «ser elegido», pero no «ser deseado».[4]

Pensemos detenidamente en lo que está y lo que no está bajo el control del arquero. Este debe elegir el arco y las flechas y cuidarlos; debe practicar el tiro al blanco; debe elegir el momento preciso para disparar la flecha. Sin embargo, una vez hecho todo eso, ya nada está bajo su control: el blanco —un soldado enemigo, por ejemplo— puede percibir la flecha y apartarse de su ruta; una repentina ráfaga de viento puede frustrar el tiro más perfecto.

Resulta natural pensar que la dicotomía es demasiado estricta: seguramente hay varias cosas a caballo entre las dos categorías de «control» y «no control». Fue esto, efectivamente, lo que llevó al estoico moderno William Irvine a proponer una «tricotomía» que abarca el control, la influencia y el no control.[5] Desde mi punto de vista, esta sugerencia es equivocada y podría acabar echando por tierra uno de los fundamentos del estoicismo. Pensemos lo siguiente: como ilustra claramente el pasaje de Cicerón, todo aquello sobre lo que influimos puede a su vez desglosarse en los dos componentes de control y no control: la práctica del tiro con arco sería un ejemplo del primero, y la ráfaga de viento, del segundo; la elección de cuándo lanzar la flecha al primero, y una repentina maniobra del blanco para esquivarla, al segundo. Y así sucesivamente. De hecho, cuando decimos que podemos «influir» en un resultado, lo que queremos decir es precisamente que algunos componentes de la acción dependen de nosotros y otros no; al desglosar nuestra comprensión de las cosas, constatamos que Epicteto estaba en lo cierto.

El pasaje más importante de la metáfora de Cicerón es el último: dar en el blanco es algo que se puede elegir, pero no se puede desear. Naturalmente, el objetivo del arquero es dar en el blanco, porque de eso va el tiro al blanco. Del mismo modo, preferimos estar sanos a estar enfermos, ser ricos a ser pobres, etcétera. Pero al no estar estos logros totalmente bajo nuestro control —y suponiendo que hayamos hecho todo lo posible en lo que sí está bajo nuestro control—, nuestra autoestima no debería depender de dar en el blanco (o de estar sano, ser rico, etcétera). En la vida, hay veces en las que ganamos y otras en las que perdemos, por lo que la ecuanimidad ante los resultados (los «elegimos» pero no los «deseamos») es la única actitud razonable que debemos cultivar.

El segundo aspecto fundamental de la filosofía de Epicteto del que nos vamos a ocupar comprende sus llamadas «tres disciplinas», que básicamente sustituyen a las cuatro virtudes de las que hemos hablado anteriormente como nuestra brújula moral en la vida. Las tres disciplinas son las siguientes:

La disciplina del deseo (y de la aversión)

Según los estoicos, tendemos a orientar nuestros deseos (y aversiones) en direcciones equivocadas, y este es uno de los principales causantes de nuestra infelicidad.[6] Concretamente, deseamos el conjunto, hoy tan extendido, de cosas externas como la salud, la riqueza, el reconocimiento, y tantos más; es decir, anhelamos cosas que en última instancia están fuera de nuestro control. De la misma manera, somos aviesos a perder esas mismas cosas. El problema, nos recuerda Séneca, es que al desear cosas que no está en nuestras manos conseguir, depositamos nuestra felicidad en otras manos, muy caprichosas, por cierto: las del azar.

No es una apuesta inteligente, desde luego. Mejor sería orientar nuestros deseos hacia las cosas que podemos controlar, es decir, nuestras libres opiniones. ¿Por qué? Porque de ese modo nuestras posibilidades de vivir una vida eudaemónica solo dependen de nuestro propio esfuerzo, no de los caprichos del azar. Esto no impide que sigamos prefiriendo estar sanos, ser ricos, etcétera, dentro de unos límites de sensatez, pero aceptamos el hecho fundamental de que, independientemente de cuánto nos esforcemos, unas veces conseguimos esas cosas y otras veces no. E incluso cuando las conseguimos, ese logro es transitorio, porque todo cambia a cada instante.[7]

¿Cómo demonios vamos a orientar nuestros deseos y aversiones de manera tan drástica? Esto puede lograrse mediante dos sencillos pasos de la práctica estoica, de los que se han apropiado a su manera las terapias cognitivo-conductuales: primero, una decisión deliberada, razonada (el paso cognitivo); y segundo, la implementación de cambios en nuestra vida con el fin de amoldarnos al nuevo patrón (el paso conductista). Por poner un ejemplo, cada vez que nos enfrentamos a una situación o tarea que nos resulta difícil o compleja, podemos reflexionar sobre ello y apuntar por escrito una lista de aspectos de dicha tarea o situación que podemos controlar, y otra de los que están fuera de nuestro control; luego, utilizar esas listas para orientar nuestra atención, tiempo y esfuerzos hacia los elementos de la primera lista, es decir, la de los aspectos que podemos controlar. También podemos repetir para nosotros mismos, como una especie de mantra, si hace falta, que los elementos que hemos incluido en la segunda lista no nos conciernen. Al igual que con cualquier otra cosa, desde conducir un coche hasta tocar un instrumento musical o hacer ejercicio físico, con el tiempo los esfuerzos conscientes se vuelven acciones eficientes: cuanto más los hagamos, menos nos cuesta hacerlos.

La disciplina de la acción

Un aspecto fundamental de la naturaleza humana, según los estoicos, es que somos ante todo seres sociales. Aunque en circunstancias extremas podemos sobrevivir aislados, no podemos prosperar plenamente: para ello necesitamos relacionarnos. Tanto es así que una de las principales fuentes de bienestar para los seres humanos son las relaciones relevantes que mantenemos con otros miembros de la cosmópolis —la comunidad de todos los seres humanos—, en especial con amigos y familia, heredada o elegida. Por tanto, la disciplina de la acción consiste en aprender a obrar bien en el mundo, con nosotros mismos y con los demás.

A medida que avanzamos por la vida tratando de lograr un equilibrio entre los distintos papeles que desempeñamos socialmente, va cobrando importancia la ética de roles de Epicteto que antes he mencionado. En este sentido, un ejercicio típicamente estoico es el diario filosófico vespertino, una forma de acostumbrarnos a reflexionar e identificar en qué nos hemos equivocado, qué hemos hecho bien y qué podríamos hacer mejor.

Epicteto nos da un consejo explícito al respecto: «No permitas que el sueño se cierna sobre tus párpados hasta que hayas echado cuentas de cada una de tus acciones de ese día: ¿en qué me he equivocado, ¿qué he hecho?, ¿qué he dejado de hacer? Empieza por aquí, repasa tus acciones; por las malas regáñate, por las buenas alégrate».[8] El objetivo es implementar los mismos dos pasos, cognitivo y conductista, con el propósito de ser mejores en humanidad, lo que significa ser más sensatos y provechosos a la sociedad en general, la cosmópolis humana.

La disciplina del asentimiento

La disciplina del deseo y la disciplina de la acción tienen un importante punto de conexión: ambas exigen que juzguemos con buen criterio. Por consiguiente, la tercera disciplina, la del asentimiento, está encaminada a mejorar nuestra facultad de juicio, lo que Epicteto denomina *prohairesis.* Vale decir que, en cierto modo, el objetivo primordial del estoicismo de Epicteto es mejorar nuestra capacidad para formar buenos juicios. La razón de esto se remonta a la Estoa temprana. Tanto Cleantes (el segundo maestro de la escuela estoica) como Crisipo (el tercero) habían propuesto la noción de que la sabiduría es la capacidad de evaluar correctamente nuestras impresiones. «Impresión» es un término técnico estoico que significa nuestra primera toma de consciencia, ya sea de nuestras percepciones sensoriales o de nuestros pensamientos y sentimientos internos.

Por ejemplo, si voy callejeando por el casco antiguo de Roma y veo unos helados tras una vitrina, lo más probable es que mi primera impresión sea que el helado está bueno y que *necesito* un poco. Ahora mismo. Sin embargo, mi prohairesis entra inmediatamente en acción y le dice a la impresión: «Espera un poco, tal vez no sea lo que crees, vamos a detenernos un momento y pensar antes de actuar». En efecto, tras una breve reflexión, encuentro una serie de buenas razones para no entrar en la tienda y comprar el helado: no me va a ayudar a mantener mi peso, y por tanto no será bueno para mi salud; y, además, voy de camino a cenar con mi mujer, y no quiero perder el apetito. A raíz de esta consideración más cuidadosa de la impresión, decido renunciar al helado. (Sin embargo, tengo que admitir sin ambages que, en ocasiones, la impresión inicial triunfa sobre mi prohairesis. ¡Aún me queda camino para llegar a ser sabio!)

La situación que acabo de describir ilustra precisamente la forma en que ejercitamos nuestra capacidad de juzgar para refinarla: tomamos el curso de acción opuesto al mensaje del famoso anuncio que ordena *just do it* porque no se trata de que lo «hagamos sin más», sino de que hagamos una pausa, nos paremos a pensarlo por un instante y nos demos cuenta de que probablemente no necesitamos «hacerlo». Una vez más, pongamos en práctica estos pasos una y otra vez y tomaremos mejores decisiones, lo que a su vez hará que resulte más fácil calibrar nuestros deseos y mejorar nuestras interacciones sociales, es decir, la convivencia con los demás. De este modo, las tres disciplinas —aunque se presentan de forma secuencial para facilitar su aprendizaje— actúan siempre de forma concertada: en la vida tenemos que lidiar simultáneamente con nuestros deseos y aversiones, actuar en el mundo y formar los juicios más acertados que podamos.

No es ninguna casualidad que la forma en que está organizada la parte central de este libro, a la que pasaremos enseguida, esté en gran medida inspirada en las tres disciplinas de Epicteto. La sección 1 de esta guía práctica introduce la dicotomía del control; las secciones 2-29 abordan la disciplina del deseo y la aversión; las secciones 30-41, la disciplina de la acción; las secciones 42-45 tratan de la disciplina del asentimiento, mientras las siguientes, 46-52, se refieren en términos más generales a cómo vivir según la filosofía; y en la sección 53 he reunido una breve selección de mis citas favoritas de Epicteto.

Segunda parte

GUÍA PRÁCTICA

I

LOS PUNTOS SOBRE LAS ÍES

Donde aprendemos la lección
más importante y práctica de todas

1

Hay cosas que dependen totalmente de nosotros y hay que otras que no. Lo sorprendente es ver cuáles están en cada categoría. Nuestras opiniones libres o no condicionadas, nuestros juicios, objetivos, valores que adoptamos y decisiones de actuar o no actuar dependen totalmente de nosotros; básicamente, todo aquello que decidimos de forma consciente y deliberada. Lo que no depende totalmente de nosotros es casi todo lo demás, en particular el cuerpo que tenemos, nuestras relaciones, carrera, reconocimiento social y riqueza, es decir, cosas en las que podemos influir, pero cuyo resultado también depende de otras personas.

¿Cómo es posible? ¿Acaso no pueden otras personas influir en nuestras opiniones y juicios? Por otro lado, ¿no podemos nosotros influir en nuestro cuerpo o en nuestras relaciones, por poner dos ejemplos? Sí, podemos. Pero al final, en la primera categoría, la responsabilidad recae en nosotros; en la segunda, en otros factores. Los demás pueden influir en las opiniones y juicios que formamos, e incluso intentar manipularlas, o cambiar nuestros valores. Sin embargo, nuestras opiniones y valores nos pertenecen. Por el contrario, podemos cuidar de nuestro cuerpo y sin embargo sufrir un accidente o una enfermedad que merme nuestra integridad física; podemos amar a los demás sin que nos correspondan; podemos ser trabajadores ejemplares y que nos despidan; podemos ser buenas personas y ver nuestra reputación afectada por rumores malintencionados; y aunque administremos nuestro dinero de forma responsable, eso no impide que el mercado se desplome y arruine tu patrimonio.

Recordemos, pues, que las únicas cosas que realmente nos pertenecen son las que dependen exclusivamente de nosotros. Todo lo demás es un préstamo del universo, que puede sernos arrebatado en cualquier momento y, de cualquier manera. Por lo tanto, poner mucha ilusión o empeño en cosas que, en última instancia, no dependen de nosotros, nos abocará al sufrimiento, a la envidia, a la desilusión y, en general, a depender de los caprichos del azar. Sin embargo, centrar los esfuerzos en lo que sí depende de nosotros nos brindará una vida tranquila, recibiendo lo que venga con ecuanimidad, sin envidiar nunca a nadie y sin que los vuelcos de guion puedan hundirnos en la decepción.

Con el tiempo y la práctica, seremos capaces de lograr un sabio equilibrio entre el esfuerzo dedicado a lo que de veras depende de nosotros y lo que no. Es humano preferir las relaciones afectivas llenas, un buen trabajo, dinero y todo lo demás, así que al principio será difícil lograr ese equilibrio. Pero no debemos rendirnos ante los primeros errores: el progreso es el resultado de un esfuerzo sostenido. Ni Roma se construyó en un día, ni tampoco lo hará nuestro mejor yo. Ese desarrollo requiere años de práctica; puede que todos los años de vida que nos queden. Sin embargo, ese mismo progreso es la única garantía segura de libertad y felicidad.

He aquí una sugerencia importante: cada vez que sintamos un fuerte deseo por algo (o una fuerte aversión, que viene a ser lo mismo, de hecho), acostumbrémonos a decirle a la fuente de ese deseo (o aversión): «¡Eres solo una primera impresión, y puede que no seas para nada lo que aparentas! Déjame que te eche un vistazo más de cerca a ver qué hay detrás». A continuación, pongamos esa primera impresión a prueba y preguntémonos: ¿depende esto, en última instancia, de nosotros? Si la respuesta es un sí, concentremos todos nuestros recursos en ello. Si es un no, es posible que tengamos una preferencia por ello, pero no hay que confundir su valor con el nuestro. Uno prefiere estar sano, ser rico, sentirse amado, etcétera. Es razonable. Pero nuestro valor como seres humanos no depende de esas cosas que no están en nuestras manos. Si las conseguimos, bien; y si no las conseguimos, igual de bien. Nuestro verdadero valor está en nuestra alma. ¡Que no nos lo roben, amigos!

II

MALQUERER, BIENQUERER

Donde empezamos a reconducir
nuestros (probablemente descarriados)
deseos y aversiones

2

Una reflexión sobre la condición humana: controlamos mucho menos de lo que creemos y, probablemente, estamos equivocados sobre lo que sí controlamos. Este desconocimiento generalizado es una causa mayor de infelicidad: deseamos desesperadamente cosas que, en última instancia, no dependen de nosotros, a la vez que rehuimos cualquier esfuerzo por lograr cosas que sí están en nuestras manos alcanzar. Por lo tanto, la estrategia correcta es recalibrar nuestras prioridades. Veamos cómo.

En primer lugar, nuestra atención debe estar focalizada en mejorar los juicios que formamos, los esfuerzos que hacemos y las decisiones que tomamos, es decir, las cosas que son realmente de nuestra competencia. En segundo lugar, nuestra actitud hacia lo que es externo —es decir, todo lo demás— debería ser la de un arquero: aunque el objetivo sea dar en el blanco, nunca debemos olvidar que una vez la flecha sale disparada del arco, su trayectoria queda a merced del azar: una súbita ráfaga de viento o un movimiento inesperado del objetivo mismo.

Entonces ¿qué hacer al respecto? Mover nuestros objetivos de lo externo a lo interno: recordar que nuestro objetivo no es acertar en el blanco, sino dar el mejor tiro del que seamos capaces; no es conseguir la promoción laboral, sino posicionarnos como el candidato que más se la merece; no es conseguir que una persona en concreto se enamore de nosotros, sino ampliar tanto cuanto podamos nuestra capacidad amorosa. Si orientamos nuestra atención y nuestros deseos de este modo, seremos felices y nada nos turbará.

3

Todo lo que creemos poseer no nos pertenece: ni aquella taza favorita, ni la casa, ni el trabajo, ni siquiera la pareja o los hijos. Prueba de ello es que, de una forma u otra, los perderemos en algún momento. Debemos estar preparados para ello y, mientras tanto, ser plenamente conscientes de que, por ahora, los tenemos, y estar agradecidos por ello. Es algo que resulta más fácil hacer con los bienes materiales: si se rompe esa taza que tanto nos gusta, podemos decirnos: «Era una taza, sabía que podría romperse». Pero hay que ir avanzando paso a paso hacia bienes más valiosos. Si perdemos mucho dinero a raíz de un desplome del valor de una inversión, recordémonoslo: «Era una inversión, sabía que podría perderse».

Cuando se trata de seres humanos, no seamos despiadados, pero apliquemos el mismo principio y cultivemos la ecuanimidad en todo lo que hagamos. Si un amigo se va a vivir a otro lugar, hay que decirse a uno mismo: «Siempre he sabido que la gente llega y se marcha; mi amigo seguirá siéndolo». Y esto se aplica aún a lo más difícil de todo: si un ser querido muere antes que nosotros, recordémonoslo: «Siempre he sabido que uno de los dos tenía que irse antes; doy las gracias por cada momento que hemos pasado juntos».

4

En todo lo que nos propongamos, no perdamos de vista qué es lo más probable que suceda, y preparemos nuestra reacción de antemano y de acuerdo con esa probabilidad.

Pongamos por caso que vamos a un espectáculo y alguien que está cerca empieza a liarla. No tiene sentido enfadarse, porque ya se sabe que la gente suele armar jaleo en los espectáculos. En lugar de eso, al salir de casa deberías decirte: «Quiero pasármelo bien durante el espectáculo, pero también quiero estar en paz y armonía con los demás». Si hay suerte, todo eso lo tendremos, pero ¿cómo mantener la paz de espíritu y la armonía con el resto de la gente si alguien, por el simple hecho de montar un numerito, es capaz de aguarnos la fiesta?

Por eso, cuando tengamos que vérnoslas con el vecino molesto, hagamos todo lo posible por persuadirle de que se comporte en pro de la buena convivencia, pero en última instancia no perdamos de vista lo que podemos controlar y lo que no: «Mi objetivo era disfrutar del espectáculo, pero también mantener mi paz interior y la armonía con los demás. Puede que esta vez no consiga el primero, pero al menos he logrado lo segundo». Aplicando esta práctica a todo lo que nos propongamos, estaremos en el buen camino hacia una vida tranquila.

5

A nosotros no nos perturban las cosas en sí mismas, sino los juicios que nos formamos sobre ellas. Basta con mirar alrededor para darnos cuenta de que cada uno reacciona a su manera ante los mismos acontecimientos. Vemos así que la diferencia está en la forma cómo juzga cada uno. Para algunas personas, perder el trabajo es una catástrofe; para otras, una oportunidad de cambiar de ruta. La mayoría de la gente rehúye el dolor, pero hay quienes se exponen voluntariamente a él en aras de un fin superior, como llegar al final de una maratón o aprobar un examen difícil.

Lo mismo se aplica incluso a la muerte: no puede ser algo malo para nosotros porque simplemente no la vamos a vivir; y, sin embargo, el miedo a la muerte nos mantiene rehenes de quien sea o de lo que sea que creamos que puede ayudarnos a evitar lo inevitable, ya sea una religión o la tecnología.

Ahora bien, hay tres niveles en el camino hacia la sabiduría: la persona insensata culpa a los demás de lo que resultan ser sus propios juicios acerca de las cosas; la persona que progresa no culpa a los demás, pero se culpa a sí misma; la persona sabia ni siquiera se culpa a sí misma.

6

No nos felicitemos por cosas que en el fondo no nos pertenecen. ¿Tenemos un coche fantástico? El mérito es de los ingenieros que lo concibieron. ¿Una casa bonita? El mérito es de los arquitectos que la diseñaron. Cuando alguien dice «Mira qué coche tengo», se está atribuyendo el mérito de algo accesorio, y que desde luego no le hace mejor persona.

Entonces ¿qué es verdaderamente nuestro? El buen uso, a través de nuestro juicio consciente, de lo que la vida nos deja prestado. Tener un buen coche está muy bien, pero ¿qué haremos con él que sea útil para la cosmópolis humana? Tener una casa bonita es estupendo, pero ¿vamos a recibir a amigos y vecinos, a convertirla en el nido de una familia próspera? Estas cosas, y solo estas, nos hacen mejores seres humanos y son las únicas por las que deberíamos sentir orgullo.

7

El que haya viajado alguna vez en un crucero sabrá que cuando le dejan desembarcar puede pasar un rato mirando a su alrededor o yéndose de compras, pero que siempre debe estar atento a cuándo zarpará el barco, no sea que acabe varado donde no debe.

Lo mismo ocurre con la vida. Está bien disfrutar de los placeres y pasarlo bien. Pero siempre hay que tener presente que algún día el viaje se acabará porque no dura para siempre. Cuando llegue ese día, hay que estar preparados y asegurarnos de poder mirar atrás sin la sensación de haber malgastado nuestro tiempo en la Tierra.

La mejor manera de evitarlo es preguntarnos de vez en cuando qué es lo importante, y actuar en consecuencia. Hay personas que lo hacen muy tarde y solo empiezan a vivir plenamente cuando ya son mayores. Otras se morirán sin haberlo hecho.

8

No exijamos que las cosas sucedan como queremos. Eso es propio de niños. El universo no nos debe nada y hace sus cosas sin estar pendiente de nosotros.

Recordemos que lo que realmente está en nuestras manos es hacer todo lo posible para alcanzar lo que nos hemos propuesto, sin olvidar que alcanzarlo no está exclusivamente en nuestras manos. En la vida a veces uno gana, a veces pierde y otras empata.

Cultivemos, pues, una actitud de ecuanimidad hacia lo externo. Alegrémonos cuando lo externo vaya a favor nuestro, y celebrémoslo, pero no nos enfademos cuando cambien las tornas.

9

Cuando estamos enfermos el cuerpo puede no responder, pero sí la voluntad. Podemos seguir haciendo muchas cosas incluso estando enfermos. La falta de dinero supone un inconveniente para hacer según qué cosas, pero nuestra voluntad no depende del dinero. Podemos seguir haciendo muchas cosas incluso siendo pobres.

Lo mismo ocurre con cualquier otra condición impuesta desde el exterior: todo lo que pueda limitar nuestras acciones de un modo u otro no limitará nuestra voluntad. Ese es el único sentido en el que somos libres, y en el que nuestra libertad depende de nosotros.

10

He aquí una buena manera de navegar por la vida: recordemos que ante cualquier cosa que nos ocurra, encontraremos en nuestro interior los recursos para afrontarla.

Digamos, por ejemplo, que nos tienta la lujuria; descubriremos nuestra capacidad para la templanza. O tal vez estemos experimentando un dolor; descubriremos nuestra capacidad de resistencia. O tal vez alguien nos ha insultado; utilizaremos nuestra reserva de paciencia para lidiar con ese o esa idiota.

Practiquemos asiduamente nuestras habilidades y no nos sentiremos abrumados por las vicisitudes de la vida.

11

Debemos ir por la vida como un viajero que se queda una noche en un hotel: sabiendo que nada de lo que hay allí es suyo, que es tan solo un préstamo que nos hace el universo.

Si alguna vez nos han quitado nuestra propiedad, recordemos que aquello tampoco había sido nuestro (porque nada lo es), así que de algún modo se lo hemos devuelto al cosmos. «¡Pero quienes me lo quitaron eran gente malvada!». Da igual. Una vez devuelto, ya no es problema nuestro sino de otra persona que, por cierto, se enfrentará a las consecuencias, empezando por un lastre en su conciencia.

Lo mismo se aplica a las situaciones más difíciles: ¿ha muerto un ser querido? Nunca ha sido nuestro, sino un préstamo del universo, que simplemente ha vuelto a atraerlo. Poco importa cómo haya sucedido. Cuando ocurrió tampoco dependía de nosotros evitarlo. En cambio, es importante sentir gratitud por haber tenido a esa persona cerca y que haya hecho que nuestra vida fuera mejor gracias a su presencia.

12

Si queremos progresar, dejemos a un lado este tipo de pensamientos: «Si no dedico más tiempo a mis inversiones, no ganaré tanto dinero». O: «Si no trabajo más duro, no me van a ascender». O: «Si no impresiono a la gente, no se fijarán en mí». Más vale no tener tanto dinero, no ser promocionados o no llamar la atención que perder la paz de espíritu y la autoestima.

Para ponerlo en práctica, empecemos por cosas pequeñas: alguien nos derrama un poco de vino encima. En lugar de enfadarnos, digámonos: «Este es el pequeño precio que pago para mantener mi paz interior y la armonía con los demás». Poco a poco, vayamos practicando con situaciones más complejas: nos han robado algo de dinero. No merece la pena enfadarnos, porque simplemente añadiríamos una herida autoinfligida a lo que ya ha ocurrido.

13

Si queremos progresar, alegrémonos de que los demás nos consideren torpes o tontos en lo que respecta a las cosas externas. No intentemos impresionarles con nuestros conocimientos que, en verdad, son pocos. Si los demás creen que somos importantes, no hay que confiar en su juicio, ya que cada uno lo sabe mejor que nadie. Sócrates fue el hombre más sabio de Grecia porque comprendió que no sabía nada.

La cuestión es que es difícil avanzar en el perfeccionamiento de los juicios que formamos cuando nos distraemos persiguiendo cosas que están fuera de nosotros. El mero hecho de que sigamos creyendo en la importancia de ir tras lo externo muestra cuán poco hemos avanzado. No podemos dedicar mucha energía a ser ricos y sabios a la vez; o famosos y sabios; o sabios y exitosos. Una cosa o la otra. Llegados a este punto, ya deberíamos saber cuál.

14

Por mucho que cueste, hay que aceptar que nuestros hijos, nuestra pareja, nuestros amigos y nosotros mismos no vamos a vivir para siempre. Esto no es un hecho que lamentar, o por el que ponerse triste; es un hecho y punto. La tristeza es un producto de la mente. Es una tontería ponernos a desear que estas cosas dejen de ser como son, porque no está en nuestras manos cambiarlas.

Del mismo modo, si deseamos que nuestros colegas no sean molestos de vez en cuando, o que los políticos dejen de ser corruptos, o que los ricos no sean avaros, somos tontos, porque así es la naturaleza de las personas. En general, es de tontos desear que las personas sean de una manera distinta a cómo son.

Por el contrario, si no queremos ver nuestros deseos frustrados, acostumbrémonos a desear solo aquello que depende de nosotros, es decir, de nuestros propios juicios, opiniones y valores. No hay más.

Si deseamos algo que no depende de nosotros, nos quedamos a merced de otras personas o de las circunstancias. Si deseamos dinero, seremos esclavos de las personas que nos lo puedan conseguir; si deseamos prestigio, seremos rehenes de aquellas que nos lo puedan otorgar (y que con la misma facilidad nos lo podrán quitar); y así para cualquier bien exterior.

La libertad está en nuestras manos: orientemos nuestro deseo solo hacia lo que depende de nosotros y nuestra aversión solo a las cosas que podamos cambiar a mejor.

15

Imaginemos que estamos en una cena. ¿Nos pasan un plato? Perfecto. Sirvámonos con diligencia, porque otros están esperando su turno. ¿Se han olvidado de pasárnoslo? No vayamos con ansias a por él y no nos enfademos. Ya volverá. En cualquier caso, no nos moriremos de hambre si no lo probamos. ¿Aún no ha llegado el plato? No pasa nada, podemos esperar y, mientras tanto, disfrutar de la conversación con los comensales que tenemos al lado.

Podemos aplicar esta misma actitud a nuestra familia, relaciones, amigos, carrera, patrimonio, etcétera. Tomémonoslo todo con delicadeza, disfrutémoslo mientras esté a nuestro alcance y no lo lamentemos cuando ya no esté, pues así es la naturaleza de las cosas.

16

Las personas se sienten angustiadas por las pérdidas y por lo que creen que son desgracias. Han perdido dinero en un mal negocio. Han perdido su trabajo. O uno de sus hijos decide emigrar. O muere la pareja. Lo que acabo de describir son hechos. El grado en que, además, son hechos horribles, o insoportables, depende del juicio de cada persona. Algunas forman unos juicios determinados y otras, otros.

Recordémoslo y entrenémonos para reaccionar con ecuanimidad ante nuestras propias adversidades, teniendo en cuenta que el universo no trabaja ni contra ni a favor nuestro. Simplemente sigue su curso independientemente de nosotros.

Sin embargo, cuando interactuemos con los demás, no debemos menospreciar sus dificultades o sufrimientos. Y, de hecho, debemos consolarles de acuerdo con lo que efectivamente les pueda ayudar. Pero tampoco nos equivoquemos creyendo que el juicio que hacen los demás sobre las cosas externas es más acertado o siquiera necesario.

17

A quienes alguna vez hayan jugado al póquer, les diré que la vida es así. No decidimos qué mano jugar, eso depende del azar, que es ciego. Podemos conseguir una escalera de color o solo una pareja. O algo intermedio, como un trío. No importa, lo que cuenta es cómo jugamos la mano que nos ha tocado. Si no jugamos bien, podemos perder incluso con una mano excepcional. Y si sabemos jugar, podemos hacer bastante con lo que a los demás les pueda parecer una mala mano.

Lo mismo ocurre en la vida. No depende de nosotros nacer ricos o pobres, listos o un poco tontos, feos o guapos. Lo que sí depende de nosotros, y mucho, es sacar lo mejor de ello. Esa es la medida de nuestra excelencia como seres humanos.

18

No seamos supersticiosos. No podemos leer el futuro en los astros, las cartas, las hojas de té o la adivinación.

Además, no importa lo que el universo tenga reservado para nosotros, somos nosotros quienes tenemos que sacar lo mejor de ello, ya se trate de salud, pertenencias, reputación o relaciones. Que suceda lo que tenga que suceder: estamos preparados.

19

El método más infalible para ganar concursos es participar solo en aquellos en los que vamos a ganar seguro. El único que entra en esta categoría es el concurso para ser mejor persona.

Así que cuando veamos a alguien que es famoso, o poderoso, o que goza de algún tipo de prestigio, no nos engañemos dando por sentado que es feliz. Si es cierto que las únicas cosas buenas son las que dependen de nosotros, entonces no tiene absolutamente ningún sentido envidiar o querer ser como otra persona.

No tiene sentido desear la fama, la riqueza o el poder, sino ser libre. Y la única manera de serlo es no asociar nuestro bienestar y nuestra autoestima a ser famosos, ricos o poderosos, algo que no está en nuestras manos.

20

¿Alguien nos ha insultado? Quizá queramos decir, más bien, que hemos permitido que nos insulten.

Porque, independientemente de la intención de quienes lo hayan hecho, lo que dicen, como cualquier otra palabra, no es más que un flujo de aire. Las palabras solo se convierten en un insulto si las consideramos como tales. Si no lo hacemos, serán simplemente las palabras de un idiota.

Intentemos evitar que nos confundan las apariencias, mantenernos al margen de la situación, poner distancia entre nosotros mismos y la impresión inmediata. Así nos resultará más fácil mantener el dominio de la facultad que rige nuestras acciones, es decir, la razón.

21

Tengamos la costumbre de meditar sobre la adversidad, y en particular sobre la muerte, que nos llegará a todos sin excepción.

Si lo hacemos, pondremos freno a pensamientos que solo nos envilecen, o a unir deseos exagerados a lo que sea.

22

Si de verdad queremos abrazar una vida ilustrada por la filosofía, debemos prepararnos para que los demás se burlen de nosotros sin piedad. Dirán que tenemos pájaros en la cabeza o que nos creemos superiores a ellos.

Por nuestra parte, asegurémonos de no tener pájaros en la cabeza y, desde luego, guardémonos de sentirnos superiores a quienquiera que sea. Si nos comportamos de acuerdo con nuestra filosofía, los demás acabarán por verlo, valorarlo y quizá incluso admirarlo, aunque no sea esa la razón por la que nosotros perseguimos este modo de vida.

Y, por último, si nos limitamos a hablar y hablar, pero no actuamos en consonancia con lo que decimos, se reirán de nosotros una y otra vez, ¡y con razón!

23

No hagamos de la búsqueda de las cosas exteriores nuestro principal objetivo en la vida. En cuanto lo hagamos, habremos abandonado la filosofía y echado a perder todos los esfuerzos ya hechos.

Sin duda alguna, es preferible ser culto a no serlo, o tener dinero a no tenerlo, etcétera. Pero son cosas accesorias, que fácilmente pueden distraernos del verdadero objetivo.

Alegrémonos, pues, de practicar la filosofía en todo, y si queremos que los demás lo perciban, asegurémonos de que perciban, ante todo, que estamos siendo nosotros mismos. Con eso nos bastará.

24

Este es el tipo de cosas que no deberían angustiarnos en absoluto: «Me van a desacreditar y viviré como un don nadie». La razón por la que esto no debe angustiarnos es porque el descrédito depende de la opinión ajena, que a su vez no depende de nosotros. Lo que sí depende de nosotros es hacer o no algo susceptible de desacreditarnos a ojos de los demás. Del mismo modo, no nos incumbe preocuparnos por llegar a ser poderosos o influyentes, o incluso si nos admitirán en un lugar de ocio. Esas cosas tampoco dependen de nosotros. Por cierto, ¿de qué va eso de ser un don nadie? Siempre somos alguien en nuestro ámbito de acción, es decir, cuando se trate de nuestros propios juicios y decisiones.

«Pero así uno no podrá asistir a sus amigos y familiares.» ¿Y eso qué tiene que ver? Es posible que nuestros amigos no puedan recibir nuestro dinero u otro tipo de ayuda material. Pero, para empezar, ¿quién dijo que esas cosas dependían de nosotros? Y si no tenemos dinero u otra cosa externa, lo más seguro es que efectivamente no podamos dárselas a los demás. ¿Qué culpa tenemos de ello? Ninguna.

«Pero podemos esforzarnos por conseguir dinero y otras cosas, para poder ayudar a amigos y familiares.» Por supuesto, siempre que lo hagamos de una forma coherente con la preservación de nuestra integridad y respeto por nosotros mismos. Si podemos conseguir cosas externas de esta manera, hagámoslo, por supuesto. Pero si tenemos que perder de vista lo que es verdaderamente bueno para nosotros en aras de adquirir esas cosas, sería extremadamente insensato, por no decir absurdo, elegir ese camino. Además, ¿qué preferimos, tener dinero o un amigo verdadero? Trabajemos entonces en convertirnos en lo segundo; lo primero puede que no llegue nunca. Dependerá de los caprichos del universo.

«Pero mi país me necesita, y no estoy aportando mi contribución.» En primer lugar, nuestra nación es el conjunto de la cosmópolis humana, y ahí debe residir nuestra primera lealtad. En segundo lugar, una vez más, ¿de qué tipo de contribución se trata? ¿Nuestro país no contará con edificios y obras de arte que hayamos creado nosotros? Tampoco recibirá asistencia sanitaria de un profesor, ni educación de un médico. Basta con que cada uno cumpla con sus deberes, los que sean, y dentro de las contingencias que siempre hay. Si contribuimos para nuestro país, o para la sociedad en general, con nuestro civismo y virtud, eso es suficiente. De ello se deduce que no somos inútiles, o más bien que depende de nosotros no ser inútiles.

«¿Cuál será, entonces, nuestro lugar en la sociedad?» Un lugar cualquiera que sea compatible con la preservación de nuestra integridad y virtud. Pero si, en nuestro afán de hacer algo por la sociedad, dejáramos de ser personas íntegras y virtuosas, ¿qué quedaría de nuestra verdadera utilidad?

25

Así que no nos han invitado a aquella cena o a integrar aquel club tan selecto, o aquel círculo social que tanto nos interesaba. Si se trataba de algo bueno, alegrémonos de que otros lo hayan conseguido y deseémosle suerte, si se tercia. Si no era algo bueno, ¿por qué quejarnos? La verdad es que no se puede competir por cosas externas como estas sin echar mano de los medios típicos para hacerse con ellas. Quien fue invitado a esa cena o a ese club hizo lo suyo para conseguirlo: adular a los que están en posiciones de mando, alabar a los altos cargos sin verdadera convicción de que se lo merezcan. Por eso, no tiene ningún sentido y es injusto quejarnos de ello: sin querer pagar ese precio, ¿cómo íbamos a pretender que nos admitieran?

Tengamos esto en mente: el que quiere comprar comida cara paga el dinero que pidan por ella. Si nosotros no queremos pagar esa cuantía, no tenemos motivos para quejarnos de que no nos hayan dado esa comida. No ha habido ninguna injusticia.

Otros tendrán esa comida, pero nosotros hemos conservado nuestro dinero.

Además, no nos han invitado porque no hemos querido pagar el precio por estar allí: halagar y alabar a quien creemos que no se lo merecen. Si queremos que nos inviten, paguemos el precio exigido, si creemos que nos beneficia. Pero si no estamos dispuestos a pagar, no vayamos por la vida amargados por ello, quejándonos de que se ha cometido una injusticia, que no nos han dado lo que merecemos. Eso no sería sensato ni ecuánime. ¿Acaso no hemos conservado algo nuestro en lugar de la invitación? Sin duda: la integridad.

26

Debemos reflexionar sobre cómo reaccionamos ante los problemas ajenos y adoptar nuestro propio comportamiento en esas circunstancias como referencia para afrontar problemas similares cuando nos afecten a nosotros. Por ejemplo, a alguien se le ha roto su taza favorita y pilla un cabreo monumental. Naturalmente, le decimos: «No te enfades, solo era una taza, y las tazas se rompen. Es natural». Cuando nuestra taza favorita también se rompa, recordemos esas mismas palabras y repitámonoslas.

Ahora apliquemos ese mismo principio a situaciones más complejas. A alguien se le ha muerto un ser querido. Nosotros intentamos consolarle diciéndole: «Estas cosas pasan, los humanos somos seres mortales y morirnos es algo que está en nuestra naturaleza. La vida sigue». Esto es cierto, pero entonces, cuando se nos muera un ser querido, no pensemos que se cierne sobre nosotros una terrible catástrofe, la más terrible del universo. La vida sigue.

No se trata de ser insensibles a la muerte o a las

catástrofes, ni a la nuestra ni a la de los demás. Se trata de aceptar con ecuanimidad lo que ocurre, porque es natural que ocurra y porque está en nuestras manos decidir cómo reaccionar. El duelo es comprensible. La desesperación es contraproducente.

27

En el mundo no hay nada malo ni bueno. Simplemente, el mundo es así. Depende de nosotros decidir qué hacer con lo que se nos presenta.

28

Supongamos que alguien toma nuestro cuerpo y se lo da a otra persona para que haga con él lo que quiera. Esto seguramente nos indignaría, ¿verdad? Entonces ¿por qué no nos indignamos cuando otras personas nos manipulan para poder hacer con nuestra mente lo que les interesa?

29

Antes de apuntarnos a hacer algo, tomémonos el tiempo para analizar bien qué implica y qué necesitamos para hacerlo bien. Si no lo hacemos, lo más probable es que empecemos muchas cosas sin terminar ninguna de ellas.

Pongamos por caso que se nos ocurre esta idea: «Quiero competir en una prueba de atletismo en los Juegos Olímpicos». Bien por nosotros. Pero, ¿tenemos claro lo que conlleva? Hay que respetar las reglas, someterse a durísimos entrenamientos y a una dieta implacable, seguir rigurosamente los consejos de un entrenador, renunciar a ciertos placeres, etcétera. Luego, llegado el momento, puede que nos lesionemos, que nos caigamos en el recorrido o que simplemente perdamos la carrera. ¿Nos parece bien todo esto? Si la respuesta es sí, adelante, empecemos a entrenar. Pero si la respuesta es no, no seamos como los niños que un día juegan a ser médicos y al día siguiente juegan a ser bomberos, sin hacer realmente nada de medicina ni combatir el fuego. No nos dejemos llevar por según qué ideas si no estamos preparados para tomárnoslas en serio o, peor aún, porque creamos que nos admirarán por ello.

Del mismo modo, queremos practicar la filosofía. Pero, ¿hemos reflexionado sobre lo que eso implica o simplemente nos gusta la idea de ser como Sócrates? Hay que pensar detenidamente qué vamos a hacer, evaluar nuestra naturaleza e inclinaciones con respecto a ello antes de apuntarnos a este proyecto de vida. ¿Creemos que podemos seguir persiguiendo bienes y experiencias externas como lo hemos hecho hasta ahora a la vez que ponemos en práctica la filosofía en nuestras vidas? ¿Que podemos ansiar el dinero, la fama y todo lo demás? ¿Que podemos enfadarnos? No, debemos trabajar en nuestros deseos y aversiones, aprender a no enfadarnos con otras personas, incluso alejarnos de algunas amistades y personas conocidas que puedan resultar desfavorables a nuestro aprendizaje. Es posible que se rían de nosotros y necesitamos estar preparados para pasar olímpicamente de esas personas. Es posible que no tengamos «éxito» en lo que otros consideran importante: la carrera, el patrimonio material o la reputación. No se puede conseguirlo todo en la vida: o cultivamos nuestra propia razón y hacemos de la virtud nuestra prioridad absoluta, o vamos desesperadamente tras las cosas externas. O damos prioridad a las cosas que tenemos dentro, o se lo damos a las que están fuera. Hay un compromiso, y tenemos que decidir qué camino tomar.

Cuando hayamos analizado cuidadosamente todo esto, entonces y solo entonces debemos iniciar nuestro camino filosófico. Renunciaremos a muchas cosas, pero ganaremos libertad y serenidad. No seremos del montón. Seremos filósofos.

III

LA BUENA CONDUCTA

Donde aprendemos a actuar con justicia hacia los demás

30

Somos animales sociales y, nos guste o no, la vida en sociedad conlleva algunas obligaciones. ¿Cómo saber a qué estamos verdaderamente obligados y a qué no? Fijémonos en los varios roles que desempeñamos socialmente. Un padre tiene obligaciones para con sus hijos. A la inversa, los hijos las tienen hacia sus padres y hacia sus hermanos. También tenemos obligaciones, que varían según los casos, hacia los amigos, los compañeros de trabajo, las personas que tenemos a nuestro cargo o para quienes trabajamos. Por último, tengamos siempre en cuenta la más importante de todas las obligaciones, la de ser un buen miembro de la cosmópolis humana.

«Pero —podría objetar uno—, mi madre se ha portado mal conmigo.» Tal vez, pero no deja de ser mi madre, y uno debe preocuparse por cómo se comporta con ella, no por cómo se comporta ella contigo. «Pero mi hermano me ha hecho daño», opondrá otro. ¿Qué significa «daño»? ¿Que con sus acciones ese hermano le ha forzado a cambiar opiniones o valores que defiende? No, porque no puede hacerlo. Entonces ese daño no es real. Puede que alguien se haya comportado injustamente con nosotros, pero ese es su problema. Lo único que nos incumbe es comportarnos con esa persona teniendo en cuenta qué clase de persona es.

31

Algunas personas creen que los dioses han ordenado el universo para que funcione lo mejor posible, y que están pendientes de los asuntos humanos. Pero nosotros somos escépticos; sospechamos que los dioses no existen realmente y que el universo es el resultado de procesos naturales, igual que nosotros. Por eso, lo que nos ocurre no es justo ni injusto, simplemente es.

Esto nos permitirá observar los acontecimientos con una comprensión más adecuada, sabiendo que todos ellos son el resultado de un orden, un entramado de causas y efectos del que formamos parte, una parte pequeña pero integral. Por lo tanto, no tiene sentido echar balones fuera y culpar a los dioses o a lo que sea. Tiene mucho más sentido centrarnos en las cosas que controlamos y tomar las demás según acontezcan.

Esto es algo que solo podemos conseguir si realmente asimilamos el concepto de que debemos dirigir nuestros esfuerzos hacia lo que está en nuestras manos: nuestras opiniones informadas, juicios conscientes y valores que defendemos, y nada más. De lo contrario, seguiremos fracasando, sin lograr cosas que están a nuestro alcance, y seguiremos angustiándonos por no alcanzar aquellas que no lo están.

Es natural que todo ser viviente tenga temor y trate de esquivar lo que es dañino, así como disfrutar y perseguir lo que es beneficioso. Nosotros, como seres vivos que somos, actuamos de esa forma. Pero, a diferencia de la mayoría de los demás seres vivos, tenemos el poder de la razón, que nos permite reflexionar sobre qué es realmente bueno o nocivo para nosotros, y distinguir lo que es de lo que parece ser, o de lo que dicen los demás acerca de las cosas.

Por la misma regla de tres, hay personas que se enfadan si, por ejemplo, no reciben lo que creen que es su parte justa de una herencia, su merecido, porque se rigen por el supuesto incorrecto de que el dinero es un bien, mientras que solo es un indiferente (ni bueno ni malo) al que dan preferencia. Cuando Rómulo, fundador mítico de Roma, y su hermano Remo se pelearon y el segundo perdió la vida a raíz de ello, fue porque ambos creían erróneamente que el poder sobre los demás es algo bueno. Los agricultores cometen errores parecidos cuando la cosecha no es la que esperaban; o el inversor, cuando el mercado no se comporta como él querría; o la gente, por lo general, cuando pierde a un ser querido; como si el tiempo, el mercado o la vida misma dependieran de ellos.

Pero ojo: si entendemos e interiorizamos cómo son las cosas, en lugar de quedarnos con cómo nos gustaría que fueran, no demos por sentado que los demás han hecho lo mismo. Comportémonos con ellos según esperan que nos comportemos; seamos comprensivos y no les reprochemos sus impresiones equivocadas.

32

Hay quienes consultan a videntes y astrólogos sobre cómo deben comportarse. Nosotros sabemos que esas supersticiones no tienen ningún fundamento y no hay que hacerles caso. Pero, aunque se hagan predicciones científicas sobre el futuro, lo más probable es que digan qué puede ocurrir y solo aconsejen lo más prudente. Pero, ¿prudente según qué criterio?

Si la predicción se refiere a cosas externas, recordemos que simplemente pueden ser preferibles o no, y no definen nuestra identidad. Así que, independientemente de si el curso de los acontecimientos es favorable o desfavorable, la parte más importante de nosotros no se verá afectada, y lo único que seguirá estando en nuestra mano será reaccionar lo mejor posible ante lo que suceda.

Además, si resulta prudente —según la predicción— actuar de forma contraria a la virtud, traicionar la confianza de un amigo o algo parecido, más nos vale reaccionar ante la predicción como lo haría

Sócrates, tratándola como algo irrelevante, porque es la virtud la que debe regir nuestras acciones, independientemente de si nos supondrán o no una ventaja.

33

Es necesario decidir qué clase de persona somos, y luego ser esa persona independientemente de si estamos en público —bajo la mirada de los demás— o en la intimidad de nuestro hogar. De lo contrario, nos haremos daño por partida doble, ya que estaremos siendo hipócritas y esta falta de coherencia hará que nos resulte más difícil seguir avanzando.

He aquí algunas ideas acerca de la clase de persona que queremos ser. No hablemos demasiado; dediquémosle más tiempo a escuchar a los demás. Fijémonos en que solo tenemos una boca, pero oídos tenemos dos, así que tal vez deberíamos entrenarnos para escuchar el doble de lo que hablamos. Cuando hablemos, debemos expresarnos bien e intentar ser breves. Evitemos al máximo las conversaciones de relleno, esas que no nos llevan a ningún lado: deportes, famosos, comida. Es el tipo de charlas que no nos hacen mejores seres humanos (ni a nosotros ni a los demás). Y lo que es más importante, no hablemos de otras personas a sus espaldas, ya sea para echarles la culpa, bailarles el agua o compararlas con otras. Si es posible, intentemos dirigir la conversación hacia temas que aporten. Pero recordemos que siempre está la opción de permanecer callados.

Estemos de buen humor, pero abstengámonos de reír demasiado o de forma muy escandalosa o llamativa. Ya no somos niños, así que hagámonos respetar.

Siempre que sea posible, neguémonos a jurar por lo que sea. Debemos reservarnos el derecho de formular nuestro propio juicio acerca de las cosas. No tenemos ninguna obligación de seguir a ciegas lo que otros pretendan imponernos inopinadamente como si fuera de «sentido común».

Cuidado con las compañías. No tenemos por qué aceptar invitaciones que nos pongan en situaciones en las que tendríamos que convivir con gente que no tiene interés en mejorar. Pero si por algún motivo no podemos dejar de aceptar una invitación de ese tipo, estemos alerta y no nos dejemos arrastrar por el comportamiento de esas personas, si consideramos que no nos conviene. A algunos nos lo habrán dicho cuando éramos niños: «Mancha en honra, llega honda». ¿Por qué, entonces, arriesgarnos a que nos manchen el alma?

No nos demos lujos. Cuidemos nuestro cuerpo, la salud y la seguridad, pero cultivemos un estilo de vida austero en la medida de lo posible. El lujo no solo es innecesario, sino que nos corrompe fácilmente y nos aparta de la virtud. Y si caemos en la tentación de presumir de algunas de nuestras posesiones para impresionar a los demás, mal asunto: eso significa que, en el fondo, seguimos pensando que los elogios o la admiración de los demás son un bien.

En nuestra vida sexual, busquemos el placer dentro de una relación en la que exista un compromiso, para no reducirnos a nosotros mismos a un medio para el disfrute de otras personas ni tampoco utilizarlas a ellas. No hagamos daño a nadie, jamás, para buscar nuestro placer. Dicho esto, si otros se entregan a formas que no aprobamos, tampoco los critiquemos ni hagamos alarde de nosotros, poniéndonos como ejemplo. No estamos en su piel, no sabemos por qué lo hacen y, más allá de eso, las decisiones que tomen no nos conciernen.

Si nos dicen que alguien nos ha estado criticando a nuestras espaldas, en lugar de defendernos, es mejor decir algo así como: «Qué curioso, eso es que no me conocen bien, ¡si me conocieran tendrían cosas mucho peores que decir de mí!»; aunque, realmente, lo mejor es no decir nada e ignorar el asunto. Lo que digan los demás nos resbala.

Realmente no hace falta asistir a eventos deportivos. Pero si nos toca hacerlo por obligación, entrenémonos para desear que gane el equipo que realmente resulte vencedor, ya sea porque es mejor o porque le haya favorecido el azar. Aceptemos la derrota del equipo contrario como un hecho de la vida, algo que nada tiene que ver con nuestro camino, porque, cualquiera que sea el resultado, no depende de nosotros. Durante el evento, evitemos gritar o incurrir en emociones exacerbadas. En lugar de eso, observémonos para identificar de dónde viene tanta excitación y veremos que ciertos aspavientos son desproporcionados. Por último, tras el evento no nos quedemos comentándolo largo y tendido, como si fuera algo importante. No lo es.

Cuando acudamos a algún tipo de manifestación o reunión pública, recordemos mantener una postura digna y procuremos no resultar nunca desagradables a los demás.

Supongamos que queremos conocer a una persona poderosa o famosa. En ese caso, hagámonos la pregunta: «¿Cómo lo haría Sócrates?». Y entonces nos haremos una buena idea de cómo comportarnos. Además, antes de salir a la manifestación o reunión pública, pensemos que en realidad no la encontraremos allí, o que se negarán a recibirnos, o que nos tratarán con malos modos. A pesar de que todo esto pueda suceder, si es importante acudir, hagámoslo, y nunca digamos que «no ha merecido la pena», porque así hablan las personas que siguen pensando que lo externo es importante.

Durante una conversación, procuremos no hablar demasiado de nosotros mismos. Aunque nos cueste creerlo, no somos tan singulares como pensamos, y a los demás tampoco les interesamos tanto.

No seamos gritones ni utilicemos lenguaje grosero. No hace falta, y tiende a rebajar el nivel de la conversación. Si otras personas lo hacen, quizá no sea buena idea que se lo reprochemos directamente, pero podemos hacerlo no comportándonos como esas personas. Busquemos la compañía de las personas de virtud, y seamos nosotros mismos personas virtuosas.

34

Siempre que tengamos la sensación de que algún placer que no deberíamos permitirnos podría ser bueno para nosotros, vayamos con calma y tomémonos nuestro tiempo. Distanciémonos de la sensación y dejemos que sea nuestra facultad racional la que lo analice tranquilamente.

Pensemos, sobre todo, en lo breve que será el placer real, y comparémoslo con todo lo que durará después nuestro arrepentimiento.

Además, pensemos en el otro placer, mucho más refinado, que sentiremos sabiendo que hemos sido capaces de contrarrestar la simple sensación de convertirnos en amos de nuestro deseo y mantenernos en nuestro camino virtuoso.

35

Si hemos decidido que determinada acción es la correcta, hagámosla a la vista de los demás, aunque no lo aprueben. Lo que opinen no es problema nuestro.

Pero si algo no está bien, simplemente no lo hagamos, sin importar lo que los demás quieran que hagamos. Lo que opinen nos da absolutamente igual.

36

Fijémonos en estas dos frases: «es de día»; «es de noche». Tomadas por separado, cada una tiene sentido y es cierta, eso sí, en momentos concretos. Pero si se toman juntas como una sola frase, «es de día y es de noche», la frase entraña una contradicción.

Ocurre exactamente lo mismo con las cosas que pueden ser buenas para nosotros, pero no para el conjunto de la sociedad. Generan otro tipo de contradicción. Por ejemplo, en general, es preferible comer lo que queramos para estar bien alimentados. Pero si estamos en casa de otra persona, debemos tener en cuenta que la misma comida se comparte entre los anfitriones, los demás invitados y nosotros mismos, aunque nos sirvan menos de lo que desearíamos. «Comer lo que queramos» y «compartir la comida» son dos consignas que están en tensión.

Lo mismo ocurre con muchas otras cosas en la vida: siempre hay que tener criterio al valorar las compensaciones y equilibrar las necesidades propias con las de los demás.

37

Todos tenemos distintos papeles que desempeñar en la vida. Pero supongamos que hemos decidido desempeñar uno que no es adecuado para nosotros o que desborda nuestras capacidades. Si fuéramos actores, arruinaríamos la obra a los espectadores, a los demás actores y a nosotros mismos.

Por eso debemos proceder con cautela a la hora de decidir en qué proyectos nos involucramos y si somos las personas adecuadas para ellos. Asimismo, debemos asegurarnos de no descuidar otros proyectos para los que sí valemos.

38

Voy a asumir que vosotros, lectores, y yo, somos cuidadosos en lo que hacemos y que procuramos no hacernos daño, concretamente, a nivel físico. No vamos por la vida pensando ponernos piedras en el zapato o caminando de forma que nos torzamos el tobillo.

Entonces ¿por qué somos tan descuidados con nuestra facultad de razonar? ¿Por qué permitimos que la insulte y contamine todo tipo de basura, en lugar de protegerla contra los ataques externos y cuidarla desde dentro para fortalecerla todo lo posible?

39

El cuerpo de cada persona tiene la medida adecuada para sus bienes, así como el pie tiene la medida adecuada para sus zapatos.

Lo que necesitamos en unos zapatos es que sean cómodos y que duren. Pero cuando pasamos esa línea y empezamos a buscar el lujo y la extravagancia, entonces no habrá límite, y ya no será nuestro pie el que dicte la medida de nuestro calzado.

Lo mismo ocurre con el cuerpo y los bienes. Deberíamos poseer una cantidad de bienes y una vivienda proporcionales a las comodidades y a la seguridad de un ser humano. Si empezamos a querer más, no habrá límites, porque ya no tendremos un valor de referencia correcto, una medida fiable.

40

Debería sobrar decirlo, pero no: las personas de todos los géneros y etnias son seres humanos, miembros de pleno derecho de la especie humana, personas dotadas del mismo potencial psíquico y la misma dignidad intrínseca que todas las demás.

Esto quiere decir que debemos tratar a todas las personas de la misma manera en cualquier circunstancia, ya sean familiares, amantes, amigos, compañeros de trabajo o desconocidos. La discriminación, en el grado que sea, nunca es digna de la razón y nada tiene de virtuoso.

41

Es propio de una persona que no se preocupa demasiado por la virtud permitirse placeres físicos: demasiado sexo, demasiada preocupación por el cuidado del cuerpo (incluida la adicción al ejercicio físico), exceso de comida o bebida, con los consiguientes efectos indeseables para el cuerpo.

Todas estas cosas deben hacerse con moderación y de forma que no nos distraigan de cultivar nuestra facultad rectora, la razón, cuyo buen funcionamiento es mucho más importante para nosotros como seres humanos que todo lo demás.

IV

PRÁCTICAS PARA BIEN PENSAR

Donde perfeccionamos nuestro juicio acerca de las cosas y las personas

42

Si alguien habla mal de nosotros o no nos trata bien, detengámonos un momento a pensar por qué lo habrá hecho.

Pongámonos en su lugar. Presumiblemente, esa persona está convencida de que tiene motivos para actuar o hablar como lo hace. Puede que se equivoque, pero ¿no nos hemos equivocado nosotros antes? ¿No seremos capaces de entender de dónde viene ese comportamiento? En cualquier caso, ¿a quién, concretamente, podrá perjudicar?

Ayudémonos con un ejemplo: alguien insiste en que la raíz cuadrada de nueve es cuatro. ¿Se equivoca? Por supuesto. ¿Afecta ese error al resultado real de la operación de calcular la raíz cuadrada? No. La operación permanece inalterada, mientras que la persona que jura a pies juntillas por su error queda como una ignorante.

Así pues, si alguien habla mal de nosotros o no nos trata bien, no somos nosotros quienes sufrimos, salvo si permitimos que así sea. Quien nos maltrata tiene la culpa y es peor persona. Si no perdemos esto de vista, podremos seguir siendo amables con quienes hacen el mal e incluso intentar corregirlos. Y si no es posible, seremos más capaces de soportarlos con magnanimidad.

Siempre que esto ocurra, repitamos mentalmente: «Lo dice porque cree que tiene razón».

43

Todo tiene dos asas, metafóricamente hablando. Pero las dos asas no son simétricas: es más fácil coger el objeto con una que con la otra.

Por ejemplo, un familiar, o un amigo íntimo, nos ha hecho algo que nos parece injusto o equivocado. Tal vez nos hayan hecho algo malo. Ahora, podríamos utilizar el «asa difícil», y aferrarnos a la sensación de que nos han maltratado. Y es natural porque somos humanos. Sin embargo, así no llegaremos lejos.

También podemos coger la sensación por el «asa fácil» y recordar que esa persona es un familiar o un amigo, que ha crecido con nosotros y hemos vivido muchas experiencias juntos, que nos quiere y nosotros le queremos.

¿Acaso no sería esto más fácil, e incluso mejor a largo plazo?

44

He aquí algunos planteamientos habituales, pero que no tienen sentido: «Soy más rico que tú, por lo tanto, soy mejor persona». O: «Soy más culto que tú, por lo tanto, soy mejor persona». Estas conclusiones simplemente no se deducen de las premisas.

¿Qué se deduce? «Soy más rico que tú, por lo tanto, tengo más dinero». O: «Soy más culto que tú, por lo tanto, puedo hablar mejor».

Pero nosotros no somos dinero ni palabras. Somos personas capaces de tomar decisiones. Y la calidad de esas decisiones es el único criterio por el que se nos debe juzgar, o por el cual debemos juzgarnos a nosotros mismos.

45

No digamos que alguien está bebiendo demasiado. Digamos simplemente que está bebiendo. No digamos que alguien habla demasiado. Digamos tan solo que habla.

Normalmente no sabemos lo suficiente sobre los demás ni por qué proceden de una forma determinada como para juzgarlos con seguridad. Puede que para nosotros sea demasiado lo que bebe o lo que habla, pero ¿cómo vamos a saber si lo es también para ellos?

Recordemos que nuestro objetivo debe ser llegar a formar el mejor juicio posible sobre las cosas y las personas, y eso no ocurrirá si nos precipitamos y juzgamos sin disponer de información suficiente para deliberar. La gran mayoría de las veces, lo mejor es no juzgar.

V

EL BUEN VIVIR

Donde nos preparamos para practicar
el arte de vivir mejor

46

Ni se nos ocurra llamarnos sabios, decir que somos iluminados o algo por el estilo. La presunción es la forma inequívoca de que, de hecho, no lo somos. En lugar de pontificar, actuemos según lo que aprendemos. Eso impresiona mucho más a cualquiera.

Supongamos, por ejemplo, que estamos en una cena. No nos pongamos a dar sermones a los demás sobre cómo deben comer. Limitémonos a comer bien. Sócrates admitió que no era sabio y que no sabía mucho. ¿Somos mejores que Sócrates? A él no le importaba que no le hicieran caso por su apariencia humilde, porque sabía que las apariencias no son un indicador fiable de lo que vale una persona. ¿Estaremos nosotros más necesitados o merecemos más atención que Sócrates?

Lo diré de otro modo. Cuando las ovejas pacen, ¿lo devuelven enseguida delante del pastor para presumir y ser alabadas? No, se toman su tiempo para digerir la comida, para transformarla lentamente en lana y leche. Eso es lo importante para el pastor.

Lo mismo se aplica a nosotros: tengamos cuidado de no vomitar delante de los demás algunos principios no digeridos con tal de impresionarlos. En lugar de eso, es mejor digerir esos principios despacio y con seguridad, para que den el resultado que realmente importa: saber comportarnos mejor.

47

Para practicar la excelencia en cuanto ser humano, hay que empezar por uno mismo, sin alardes de virtud ante los demás.

¿Hemos decidido que es preferible una dieta frugal, con menos impacto en el medio ambiente e imponiendo menos sufrimiento a otros animales? Perfecto. Pues comamos así, y no sintamos la obligación o la necesidad de explicar a los demás por qué lo hacemos. Ya lo verán con sus propios ojos.

¿Hemos decidido que beber alcohol no nos sienta bien? Genial, entonces privémonos de las bebidas alcohólicas, pero sin alardear de ello ante los demás solo para que nos alaben.

¿Hemos decidido hacer ejercicio porque creemos que estaremos más sanos y fuertes? Fantástico. No hace falta decírselo a todo el mundo para que la gente nos admire por ello.

¿Queremos cultivar la resistencia? Una forma sencilla de hacerlo consiste en, teniendo sed, meternos un trago de agua fría en la boca y luego escupirlo, pero sin decírselo a nadie.

48

La diferencia básica entre quienes practican el arte de vivir y quienes no lo hacen estriba en que estos últimos buscan consuelo en cosas externas —dinero, bienes, prestigio— a las que luego culpan cuando sufren algún revés, mientras que los primeros buscan en sí mismos tanto el consuelo como la causa del revés que han sufrido.

He aquí algunas señales inequívocas de quienes están haciendo progresos en su práctica: no critican a nadie, no le bailan el agua a nadie, no echan culpas a nadie, tampoco señalan a nadie y nunca dicen que son gente importante o que sabe mucho. Cuando topan con un obstáculo, se escrutan para identificar qué juicio sesgado podrán haber hecho. Cuando alguien les hace un cumplido, sonríen para sí mismos en lugar de sentirse halagados; cuando alguien les hace alguna crítica, la aceptan de buena gana.

En otras palabras, practicar el arte de vivir significa ir por la vida como si estuviéramos convaleciendo de una enfermedad, protegiendo y cuidando las partes lesionadas para que puedan recuperarse por completo. Estamos aprendiendo lo que conviene desear y lo que es preferible evitar o dejar de desear, que resulta ser bastante diferente de lo que la mayoría de la gente pone en esas categorías.

En la medida de lo posible, nos abstenemos de juzgar, conscientes de que efectivamente no sabemos mucho. Si al hacerlo parecemos tontos o ignorantes, no importa. Sobre todo, nos mantenemos en alerta ante nuestra propia idiotez, como si fuera un enemigo al acecho, listo para tendernos una emboscada.

49

Así que orgullosos de habernos metido a filósofos, ¿eh? ¿Dándonos aires de quién sabe cosas entre los amigos y conocidos? Pero, ¿qué sabemos exactamente? Hemos leído sobre Sócrates y Epicteto, así que quizá entendamos lo que querían decir. Pero, ¿vivimos realmente como ellos? ¿La forma como interpretamos los textos filosóficos nos anima a vivir una vida mejor? Si no es así, nada nos distingue de alguien que puede leer a Homero o a Shakespeare y hablar de ellos de forma abstrusa, ¡pero que no podría escribir un párrafo para salvar su vida!

Lo único de lo que podemos estar orgullosos es de nuestra práctica persistente, día tras día. Solo cuando podamos vivir realmente estos preceptos, y no solo leerlos o hablar de ellos, podremos considerar que practicamos el arte de vivir de forma íntegra. De eso sí que podemos sentirnos orgullosos.

50

No debemos limitarnos a memorizar estos principios, sino seguirlos a diario, como si fueran ley natural. Pero tengamos en cuenta que, hasta donde sabemos, no existe ningún legislador ni ninguna esencia cósmica inmutable. Más bien, lo que hemos estado aprendiendo es el resultado de la sabiduría humana, que se ha abstraído de la condición humana y, a la vez, a esta misma se aplica.

Además, recordemos no hacerles caso a quienes nos critican o menosprecian, a menos que podamos aprender algo de ellos. Lo que opinen no depende de nosotros. Lo único que depende de nosotros es nuestro propio juicio.

51

¿Por qué seguimos esperando para convertirnos en lo mejor que podemos ser? El mensaje nos ha llegado, lo hemos entendido y estamos en consonancia con él. Entonces ¿qué nos impide ponerlo en práctica?

¿Seguimos esperando al maestro o al guía adecuado? Pues ya ha llegado, ¿o acaso no nos hemos fijado en su presencia? Ya no somos niños, hemos crecido. Ya no nos queda tiempo para más descuidos ni inercias, para seguir llegando tarde, para poner más excusas o invocar nuevas necesidades de esto, aquello y lo otro en lugar de poner toda nuestra atención en nosotros mismos y mejorarnos.

Si no estamos atentos, seguiremos viviendo sin pensar, sin practicar nunca el arte de vivir, sin hacerlo nuestro. No avanzaremos. Nos moriremos sin haber salido del mismo lugar donde estábamos. ¡Qué lástima!

Así que ¡manos a la obra! Decidámonos de una vez a hacer lo que tenemos pendiente. Lo correcto es vivir como un ser humano —es decir, como alguien que utiliza la facultad de la razón para mejorar la sociedad— y enfocarnos en lo que es mejor y seguir por ese camino.

Pensemos en nuestra formación filosófica como en un concurso, como si estuviéramos en los Juegos Olímpicos. ¿Acaso no nos hemos dado cuenta? ¡Ya han empezado! No podemos seguir aplazándolo, dándole vueltas a lo mismo. Ahora es el momento de actuar, o se perderá el avance ya logrado, y entonces habrá que volver a empezar.

Así es como Sócrates llegó a ser quien era, no prestando atención a nada más que a su razón mientras trabajaba para los demás. Quizá no seamos Sócrates, pero deberíamos vivir como quienes desean ser como él.

52

Hay tres vertientes en la filosofía práctica. La primera tiene que ver con lo que debemos hacer o no hacer. Por ejemplo, no mentir (en igualdad de condiciones). La segunda vertiente indaga por qué ciertos preceptos son válidos o no. Por ejemplo, ¿por qué no debo mentir (en este caso, dadas estas circunstancias)? La tercera vertiente depura las dos primeras, añadiendo capas de perspicacia y comprensión. Por ejemplo, ¿es buena esta razón para no mentir? ¿Pasa el control, aprueba el examen de la razón? ¿En qué se diferencia la verdad de la mentira? Y así sucesivamente.

Digamos que la tercera vertiente es necesaria como resultado de la segunda, y la segunda como resultado de la primera. Pero la primera vertiente es sin duda la más importante, porque si discernimos qué hacer y por qué, y, sin embargo, no lo hacemos, ¿de qué sirve todo esto?

El problema es que la gente tiende a invertir la prioridad, pensando que la tercera es la más importante, mientras que se empeña en descuidar la primera. ¿El resultado? Mentimos a la vez que esgrimimos argumentos por los que los demás no deberían mentir.

VI

CUATRO LECCIONES DE EPICTETO

Donde escuchamos al maestro

53

1. ¿Qué determina si una suma de dinero es buena? El dinero no te lo dirá; debe decirlo la facultad que se sirve de tales impresiones, es decir, la razón. (*Discursos* I, 1.5)
2. Cuando te importa más una cosa externa que tu integridad, prepárate para estar a su merced por el resto de tu vida. (*Discursos* II, 2.12)
3. Hablando por mí, espero que la muerte llegue cuando yo esté ocupado solamente con el cuidado de mi carácter, esforzándome por hacerlo imperturbable, libre, sin restricciones ni trabas. (*Discursos* III, 5.7)
4. Cuanto más preciamos cosas que no podemos controlar, menos control tenemos. (*Discursos* IV, 4.23)

Tercera parte

ESTOICISMO 2.0

Actualizar el estoicismo

Todas las filosofías de la vida y todas las religiones (que son un tipo de filosofía de la vida) cambian con el tiempo. El cambio es inevitable. La única diferencia es que algunas personas se muestran reticentes ante la perspectiva de cambio, mientras que otras lo ven necesario para que una filosofía de vida siga siendo relevante. Los estoicos pertenecían claramente a la segunda categoría, como dice explícitamente Séneca en la trigésimo tercera carta a su amigo Lucilio:

> ¿No seguiré los pasos de mis predecesores? De hecho, tomaré el camino antiguo, pero si encuentro un atajo o un camino más directo y plano, por ese me iré. Los que avanzaron estas doctrinas antes que nosotros no son nuestros maestros, sino nuestros guías. La verdad está abierta a todos; aún no ha sido superada. Y queda mucho para los que vendrán.[1]

Creo que la mejor manera de enfocar mi propuesta de un estoicismo 2.0, por así decirlo, es volver a las distinciones clásicas que los estoicos hacían entre lo que ellos llamaban las tres partes de la filosofía: «lógica», «física» y «ética». Enseguida explicaré por qué las pongo entre comillas. Así es como Diógenes Laercio resume la concepción estoica original:

> La doctrina filosófica, dicen los estoicos, se declina en tres partes: una física, otra ética y la tercera, lógica. [...] La Filosofía, dicen, es como un animal, donde la Lógica corresponde a los huesos y tendones, la Ética a las partes carnosas, y la Física, al alma. Otro símil que utilizan es el de un huevo: la cáscara es la Lógica, luego viene la clara, que es la Ética, y por fin la yema, en el centro, que es la Física. También comparan la Filosofía con un campo fértil: la Lógica es la valla que lo rodea, la Ética la cosecha, la Física el suelo o los árboles. Y también la comparan a una ciudad fuertemente amurallada y gobernada por la razón.[2]

De este popurrí de metáforas, la que más me gusta es la del campo fértil, porque pone las cosas en el orden que creo que es el correcto. La idea fundamental es que un buen razonamiento reduce nuestras posibilidades de cometer fallos, por eso la Lógica está representada por la valla que protege el campo. Pero para obtener una buena cosecha (Ética) —que es el objetivo final— también hace falta un suelo bien abonado, representado aquí por la Física. ¿Por qué? Porque cuesta mucho vivir bien si nos aferramos a ideas base equivocadas sobre cómo funciona el mundo.

¿Qué aspecto tendría un campo mal vallado y estéril? Vamos a suponer que creemos en la Ley de la Atracción, una noción pseudocientífica popularizada por el libro *El Secreto.* Entonces también creeríamos que el universo se adapta de algún modo a nuestros deseos, si estos son lo suficientemente fuertes y sinceros. Este no es un buen razonamiento, ya que implica una profunda malinterpretación de la manera en que realmente funciona el universo.

En cierto modo, pues, la receta filosófica estoica se reduce a esta ecuación:

Lógica + Física = Ética

Debemos tener en cuenta, sin embargo, una pequeña pero importante salvedad: los estoicos, y de hecho la mayoría de los filósofos antiguos, daban a las palabras «lógica», «física» y «ética» un sentido mucho más amplio que el que les damos actualmente. Como ya debería estar claro, la «lógica» en este sentido incluye todo lo que haga que nuestro razonamiento sea más sofisticado: no solo la lógica formal, sino también la ciencia cognitiva, la conciencia de las falacias y los prejuicios, e incluso la dialéctica (la capacidad de mantener un diálogo constructivo con los demás). «Física» se refiere, en realidad, al conjunto de las ciencias naturales (no solo la física en sentido estricto, sino también la biología, la geología, la astronomía, la química, etcétera), así como la metafísica (la rama de la filosofía que se ocupa de la comprensión panorámica del mundo a partir de las imágenes parciales que ofrecen las ciencias por separado). Por último, la «ética» no trata solo de qué es justo y qué es injusto, como sugiere el sentido que hoy damos a esa palabra, sino nada menos que de saber cómo vivir nuestra vida.

Así pues, aunque propongo introducir relativamente pocos cambios a las enseñanzas de Epicteto, he intentado llegar a ellos por el mismo método filosófico general empleado por los estoicos. Mi versión del estoicismo 2.0 gira en torno a siete temas en los que mi punto de vista difiere más o menos significativamente del de Epicteto.

Estos temas se exploran en lo que sigue, en el mismo orden de aparición de cada tema en el *Enquiridión / Guía práctica.* El primer apéndice de este libro incluye una tabla que refleja de forma exhaustiva todos los cambios importantes que he introducido, a modo de comparación directa, sección por sección, entre el *Enquiridión / Guía práctica.* Esto resultará útil a los lectores que deseen comprender exactamente qué cambios he propuesto.

Tema 1: No hay que despreciar lo externo

Aunque la imagen de los estoicos que van por la vida frunciendo el labio superior corresponde a un falso estereotipo, hay algo de verdad en ello, ya que la resistencia a las adversidades es efectivamente un valor estoico. Pero Epicteto, e incluso Séneca —que, en cierto modo, era el más humano de los estoicos—, suelen ir más allá de esa actitud y nos animan sin tapujos a despreciar lo «externo», es decir, cosas como la salud, el dinero, el reconocimiento social, etcétera. Esto se debe al principio estoico fundamental de que el único bien es la virtud y todo lo demás es un «indiferente preferido», es decir, algo que es razonable preferir a otras cosas, siempre y cuando no comprometa nuestra integridad moral.

Sócrates, que formuló una versión temprana de esta idea, la defiende en el diálogo conocido como *Eutidemo.* En él se enfrenta a dos sofistas, al personaje que da título al diálogo y a su hermano, Dionisodoro. Uno de los puntos cruciales del diálogo (279-282) es el elogio que Sócrates hace de la sabiduría, donde explica que ella es lo único que importa porque, a las personas sabias, la vida les va bien y prosperan en todo lo que hacen. La felicidad, observa, no se alcanza acumulando bienes o conocimientos, sino utilizándolos con buen criterio, con sabiduría. Sócrates sugiere incluso que, si uno no es sabio, más vale que tampoco tenga bienes ni conocimientos, porque corre el riesgo de hacer mal uso de ellos, y esa imprudencia sería peor que no tenerlos en absoluto.

Fijémonos, sin embargo, que la posición socrática no implica que tengamos que despreciar las cosas externas, ni hay ninguna razón por la que la práctica de la virtud (o de la sabiduría) tendría que suponer la completa exclusión de lo externo. Desde luego, Sócrates no lo hizo, y adoptar una postura tan extrema es en realidad abrazar la filosofía cínica encarnada por el extravagante Diógenes de Sínope, a quien Platón se refirió por el célebre apodo de «Sócrates enloquecido».

De hecho, Sócrates aclara que no se puede ejercer la virtud sin estar en relación con lo externo. Una persona es sabia o virtuosa (ya ha quedado claro que no hago distinción entre estos dos términos) en relación directa, precisamente, con lo bien que haga uso de lo externo.

Una buena manera de entender lo que estoy proponiendo es pensar en términos de lo que los economistas modernos llaman «preferencias lexicográficas». Los economistas conductuales se han dado cuenta de que, contrariamente a la teoría económica clásica, no consideramos que todos los bienes o desiderata sean fungibles, es decir, reemplazables, por otros bienes o desiderata con el mismo valor económico, sino que agrupamos las cosas que queremos o que nos interesan en conjuntos separados y las ordenamos según la importancia que tienen para nosotros. Mientras que los elementos de un mismo conjunto suelen ser susceptibles de intercambio entre sí, los de conjuntos diferentes no suelen serlo.

Voy a poner un ejemplo concreto. En el ámbito de la vida cotidiana, mi «conjunto A» incluye, por ejemplo, a mi hija. Me preocupo por que esté bien, me importa su futuro, etcétera. Mi «conjunto B» incluye un Lamborghini naranja, el coche de mis sueños. Si me lo pudiera permitir, estaría dispuesto a cambiar mucho dinero (que también pertenece al conjunto B) por un Lamborghini. Pero cambiar el bienestar o el futuro de mi hija por el coche es algo que ni siquiera me planteo.

Creo, pues, que los estoicos modernos deberían considerar la virtud como el único elemento susceptible de pertenecer al conjunto A, y clasificar lo externo en una serie de conjuntos de menor importancia, en cuyo caso mi hija pasa al conjunto B, y el Lamborghini al conjunto C. La virtud sigue siendo el bien supremo y, además, adquiere una categoría propia y no puede intercambiarse. Pero lo externo también es un bien (de rango inferior), y no tiene sentido despreciarlo o rehuirlo. De hecho, es la materia prima indispensable sobre la que ejercemos nuestra virtud. Al fin y al cabo, la virtud no puede cultivarse en el vacío.

Otra forma de plantear la cuestión, que da sentido a la deliciosa expresión paradójica tan utilizada en el estoicismo antiguo y moderno, «indiferentes preferidos», es que poseer ciertos elementos externos (por ejemplo, ser rico) no hace que seamos buenas personas, al igual que no poseerlos (por ejemplo, ser pobre) tampoco hace que seamos mala gente. Por lo tanto, los elementos que caen en el conjunto B, lógicamente de rango inferior, permanecen separados e independientes del único elemento calificado en el conjunto A: la virtud.

Tema 2: No hay que ser insensibles al duelo

Para la mayoría de las personas que se acercan al pensamiento de Epicteto por primera vez, la parte más difícil de aceptar es, con diferencia, el *Enquiridión* 3. Así nos lo presentaba la traducción de W. A. Oldfather del año 1925:

> Con todo lo que te entretenga, te sea útil o le que tengas aprecio, recuerda decirte a ti mismo, empezando por las cosas más insignificantes: «¿Cuál es su naturaleza?». Si te gusta una jarra, di: «Me gusta una jarra»; así, cuando se rompa, no te alterarás. Si besas a tu hijo o a tu esposa, dite a ti mismo que estás besando a un ser humano; así, cuando se muera, no te alterarás.

Puede ser tentador achacar la aparente falta de empatía de la última parte a un error de traducción. Pero el original griego es igual de contundente. Epicteto parece haber sido un buen tipo, por lo que el pasaje (y unos cuantos más, tanto del *Enquiridión* como de los *Discursos*) no pretende renunciar a la empatía. El autor simplemente expone lo que considera ser el resultado de un hecho de la naturaleza («física»: somos mortales, y nuestros seres queridos no son la excepción) asociado a un razonamiento sólido («lógica»: no tiene sentido angustiarnos por algo que no podemos evitar). A pesar de su coherencia interna, es a pasajes como este a los que se debe la reputación de los estoicos como personas que buscan suprimir toda y cualquier tipo de emoción.

La verdad es que Epicteto tenía la ventaja de creer en una especie de Providencia cósmica que podía permitirle ese tipo de desapego —similar al «desapego» budista, una noción que se sostiene en la creencia en el karma y la reencarnación, propia de esa religión—. El problema es que el punto de vista científico moderno no es compatible con la visión de los antiguos estoicos sobre el funcionamiento del mundo (profundizaré en esto cuando tratemos el tema 5), por lo que solo nos queda enfrentarnos a nuestra propia realidad, en la que hay una diferencia considerable entre que se rompa una copa y que se muera un hijo o una pareja.

Aun así, los estoicos modernos pueden conservar gran parte de la concepción original, sin tener que considerar que están al mismo nivel la rotura de una taza y la muerte de un ser querido, sino aprendiendo a aceptar los acontecimientos inevitables con magnanimidad (una palabra que, en griego, significa literalmente «grandeza de alma»). Lo que sugiero es algo parecido a una escena inolvidable de la película *El puente de los espías,* cuyos dos protagonistas son el abogado James Donovan y el reo Rudolf Abel, acusado de espionaje para Rusia. Durante el juicio de Abel por traición, Donovan advierte que su cliente no parece preocupado por la posibilidad real de enfrentarse a la pena de muerte, así que en un momento dado le pregunta: «¿No está preocupado?». La respuesta de Abel es: «¿Me ayudaría estarlo?». Esta reacción no implica que a Abel le guste la idea de morir en la silla eléctrica, sino que ha desarrollado una notable actitud de aceptación de lo inevitable y, a la vez, la capacidad de centrarse en el ámbito donde realmente puede actuar, aquí y ahora, durante el juicio. Se trata exactamente de lo que la dicotomía del control nos dice que deberíamos hacer.

Tema 3: Vivir según la naturaleza

Diógenes Laercio explica a qué se referían los antiguos estoicos con su latiguillo «vivir según la naturaleza»:

> Por eso, Zenón fue el primero (en su tratado *De la naturaleza del hombre*) en designar como fin «la vida según la naturaleza» (o vivir en concordancia con la naturaleza), que es lo mismo que una vida virtuosa, siendo la virtud la meta hacia la que la naturaleza nos guía. Así también Cleantes en su tratado *Sobre el placer*, Posidonio, y Hécato en su obra *Sobre los deberes*. Una vez más, vivir virtuosamente es lo mismo que vivir de acuerdo con la experiencia del curso real de la naturaleza, como dice Crisipo en el primer libro de su *Acerca de los fines*; pues nuestras naturalezas individua-

les forman parte de la naturaleza del universo en su conjunto. Y es por eso que el fin puede definirse como la vida según la naturaleza o, en otras palabras, conforme a nuestra propia naturaleza humana y a la del universo.[3]

Este es otro fragmento del estoicismo antiguo que deriva su sentido inmediato del concepto de un cosmos providencial que, recordemos, es indefendible a la luz de la ciencia moderna. Pero la evolución de nuestro conocimiento del cosmos no significa que debamos prescindir del objetivo de vivir según la naturaleza, sino tan solo que debemos ajustar la forma en que interpretamos esa directriz.

De hecho, podemos mantener la misma doble interpretación que propone Crisipo, pero desde otra perspectiva. Vivir según la naturaleza cósmica, en términos actuales, solo significa aceptar el mundo tal como es, y no como nos gustaría que fuera. O, como dice el estoico moderno Larry Becker,[4] «seguir los hechos» (de la física y la biología). Vivir según la naturaleza humana, por el contrario, aún se puede seguir interpretando perfectamente como lo hacían los antiguos estoicos, ya que su concepción de los humanos como seres fundamentalmente sociales y capaces de razonar está confirmada por la primatología, la antropología y la ciencia cognitiva modernas.

Así, cuando Epicteto dice que debemos ir a los baños,[5] por ejemplo, con el objetivo de divertirnos y mantenernos en armonía con la naturaleza, podemos reformularlo como divertirnos y seguir siendo razonables y prosociales (es decir, no enfadarnos con los demás). Como él señala, y con razón, divertirnos no depende de nosotros, sino de las circunstancias y de otras personas. Pero ser razonables y prosociales sí depende de nosotros.

Tema 4: Ciencia o metafísica discutibles

Los antiguos estoicos creían en una serie de nociones que para nosotros son pseudocientíficas, con énfasis en la adivinación.[6] Epicteto menciona explícitamente esta práctica —dándola por sentada— en *Enquiridión* 18 y 32, por ejemplo. Esta creencia no era tan descabellada como pueda parecer. Al igual que los científicos modernos, los estoicos pensaban que todos los acontecimientos están conectados entre sí a través de una red universal de causa-efecto. A partir de esta premisa, es razonable deducir que se podría predecir (es decir, «adivinar») los acontecimientos futuros en base a un análisis razonado del estado actual del cosmos. La física moderna funciona con la misma lógica, con la diferencia sustancial de que los estoicos se centraban, al menos en parte, en conexiones causales erróneas (por carecer de información), o consideraban causales algunas conexiones que en realidad eran inertes (con respecto a la predicción del futuro), como las entrañas de los animales, por ejemplo.

El estoicismo moderno no pierde nada sustancial si simplemente identificamos cualquier fragmento indefensable (para los estándares modernos) de la antigua metafísica estoica y lo descartamos o lo actualizamos utilizando la ciencia más avanzada y contrastada de la que disponemos. Por supuesto, los estoicos modernos y los científicos como yo reconocemos de buen grado que nuestro conocimiento actual también será sustituido con el tiempo por otro aún más avanzado. Como demuestra la historia del estoicismo, no hemos llegado al punto final, y probablemente nunca lo hagamos.

Tema 5: Dios o los átomos

Este es quizás el cambio más radical que propongo en aras del Estoicismo 1.0, y ya está creando controversia entre los estoicos, tanto en círculos académicos como entre el público en general, así que debo aclarar qué es exactamente lo que estoy sugiriendo y por qué.

Los antiguos estoicos eran panteístas;[7] es decir, creían que Dios era inmanente en el cosmos y coincidente con la naturaleza. Volvamos a Diógenes Laercio:

> Dios es uno e idéntico a la Razón, al Destino y a Zeus; también es llamado por muchos otros nombres. [...] El término universo o cosmos es usado por ellos

> en tres sentidos: (1) de Dios mismo [...] (2) También dan el nombre de cosmos a la disposición ordenada de los cuerpos celestes en sí mismo como tal; y (3) en tercer lugar, a ese todo del que estos dos forman parte.[8]

La idea era que el cosmos está impregnado por una única sustancia, el *pneuma* (literalmente, 'aliento'), que tiene distintas manifestaciones dependiendo de su «tensión». El grado inferior es común a todo lo que existe, incluido lo inanimado; el grado medio es el que caracteriza a los organismos vivos; y el grado superior, el logos, solo está presente en los organismos capaces de razonar. Esta última categoría solo incluye al universo en su conjunto (concebido como un organismo vivo sensible) y, por supuesto, a los seres humanos, que son literalmente partes, fragmentos de ese organismo cósmico.

De esta concepción, los estoicos derivaron su concepto de Providencia. Epicteto utiliza la metáfora de un pie pisando el barro,[9] observando que al pie no le va a gustar ensuciarse, pero si se da cuenta de que está conectado a un cuerpo vivo, que tiene que cruzar una calle embarrada para llegar a casa, entonces el pie se alegraría de poner de su parte. Por analogía, deberíamos alegrarnos (y acoger, no solo resignarnos a) lo que nos ocurra porque es por el bien del universo.

Fijémonos en que esto poco tiene que ver con la concepción cristiana habitual de la Providencia, para la que Dios nos cuida y ama a cada uno, aunque sus designios sean insondables. Lo que Epicteto y los estoicos evocan es la imagen de un órgano (un pie o, quién sabe, una simple célula epitelial) que hace lo que hace para el bien de todo el organismo. El órgano no tiene voz ni voto en el asunto, y al organismo no le importa el destino de los órganos (o células) individuales.

La noción estoica de Providencia me parece bella y reconfortante. Pero como científico que vive en el siglo XXI, sé que es inaceptable. Nada nos autoriza a suponer que la sensibilidad sea una propiedad del cosmos (salvo en el sentido trivial de que nosotros somos organismos sensibles y formamos parte del cosmos); tampoco que exista algo como el *pneuma* o una sustancia similar que lo impregne todo; o que el universo sea de algún modo un organismo vivo.[10]

¿Por qué pensaban así los estoicos? Esencialmente, desplegaron lo que en filosofía se conoce como el argumento del diseño inteligente,[11] como hace Epicteto:

> ¿Quién es el que ha ajustado la espada a la vaina y la vaina a la espada? ¿Nadie? Seguramente la estructura misma de tales productos acabados nos suele llevar a inferir que deben ser obra de algún artesano, y que no están construidos al azar. ¿Debemos afirmar entonces que cada uno de estos productos apunta al artesano, pero no las cosas visibles, la visión y la luz? ¿Acaso el hombre y la mujer y el deseo de unión y el poder de utilizar los órganos adaptados para ello no apuntan al artesano?[12]

No, no apuntan, aunque en el tiempo de Epicteto era razonable suponer que sí. Como explico en *Cómo ser un estoico,* David Hume (1711-1776) y Charles Darwin (1809-1882) asestaron un doble golpe mortal al argumento del diseño inteligente del que este nunca se recuperó, ni filosófica ni científicamente.

Pero, ¿por qué hacerle caso a lo que dice la ciencia moderna, teniendo en cuenta, además, que los científicos siempre están proponiendo nuevas teorías? Simplemente porque la ciencia es, con diferencia, el mejor (y prácticamente el único) método que hemos concebido para investigar el mundo que nos rodea. Los científicos cometen errores. Están sesgados por sus propios prejuicios ideológicos y son tan codiciosos y egoístas (o generosos y altruistas) como cualquier otro ser humano. Pero el caso es que la ciencia no tiene competencia cuando se trata de comprender la realidad de la que formamos parte.

Captar esa realidad solía ser el objetivo primordial de la llamada filosofía primera, o metafísica. Durante siglos, los filósofos (que, en realidad, hasta finales del siglo XVIII, no se distinguían de los científicos) persiguieron el objetivo de desvelar verdades acerca de la realidad mediante argumentos lógicos *a priori*. El último gran intento en esa dirección lo hizo René Descartes (el del famoso «pienso, luego existo») en el siglo XVII, y fue totalmente fallido. La ciencia, tal como la entendemos hoy, nació más o menos en la misma época (Descartes fue coetáneo de Galileo).

Hoy en día, los metafísicos se dividen en dos bandos: los que siguen pensando que podemos hacer filosofía primera, y los que defienden la llamada metafísica científica.[13] Mi opinión es que el enfoque original está muerto y enterrado, y sustituido por las ciencias naturales. (Pregúntense cuántos descubrimientos han hecho los metafísicos en los últimos cinco siglos, por decir algo.) La segunda, sin embargo, desempeña un papel crucial tanto en la filosofía como en la ciencia, puesto que el objetivo de la metafísica científica es dar sentido global a los dispares retazos de conocimiento sobre el mundo procedentes de las ciencias «especiales» (por ejemplo, la física, la química, la biología, la geología, la psicología, etcétera). Esto es obviamente importante y no se trata de una tarea para la que los científicos no estén bien preparados, por la sencilla razón de que la ciencia moderna es altamente especializada y ningún científico en activo puede desarrollar unos conocimientos tan amplios como sería necesario. (Los filósofos sí pueden, porque no tienen que llevar a cabo investigaciones empíricas costosas y tan especializadas.)

Todo lo que acabo de decir tiene por única finalidad aclarar que mi decisión de rechazar esta parte de la metafísica estoica en favor de la ciencia moderna no es arbitraria ni infundada. Tampoco es una falta de respeto hacia aquellos que, como Epicteto, hicieron lo mejor que pudieron con el conocimiento del que disponían en su tiempo.

Hay dos aspectos más, cruciales, que quiero abordar con respecto a la metafísica y el estoicismo. En primer lugar, a pesar de mi rechazo de la noción de un cosmos sensible, gran parte de la metafísica estoica va a perdurar, y creo que la que perdura es la más importante. Los estoicos eran materialistas, consideraban que el mundo está hecho de materia, sin entes sobrenaturales o inmateriales. Para ellos, incluso Dios y el alma humana estaban hechos de materia. Esto está en sintonía con el punto de vista científico moderno, en el que la «materia» es lo que la física contemporánea nos dice que son los elementos más fundamentales del universo (quarks, leptones, bosones o lo que sea). Como ya hemos visto, los estoicos también pensaban que todo está conectado por una red universal de causa-efecto, lo que una vez más está en consonancia con la ciencia tal y como se ha practicado desde Galileo. Estos dos puntos son cruciales porque de ellos se derivan una serie de consecuencias para la ética estoica, de las que podría decirse que la más importante es la dicotomía del control que, recordemos, es el punto de partida de la *Enquiridión* y de esta *Guía práctica.*

En segundo lugar, aunque creo que el punto de vista más razonable de la metafísica estoica es el que acabo de definir a grandes rasgos, esto no impide que personas que defienden una metafísica distinta (hasta cierto punto) acepten y practiquen el estoicismo. La filosofía estoica es bastante ecuménica, en este sentido, y el estoicismo ofrece un amplio cobijo que puede albergar una serie de enfoques ideológicos, incluyendo los religioso-metafísicos e incluso —hasta cierto punto, insisto— los políticos.

Los estoicos de hoy pueden fácilmente ser panteístas, al igual que los antiguos, o interpretar el Logos como lo hacen los cristianos, como la palabra de Dios. Cada interpretación conlleva sus propias tensiones internas que cada practicante tendrá que resolver individualmente de la forma que le resulte más sensata. No todas las posiciones metafísicas son compatibles con el estoicismo (la Ley de la Atracción, antes mencionada, es una de las que no lo es), pero hay varias que sí lo son, y mi punto de vista no es en absoluto el único válido.[14]

Tema 6: Las costumbres no son universales ni inmutables

Epicteto vivió entre finales del siglo I y principios del II. Y no era omnisciente, lo que significa que —al igual que todos nosotros— era un hombre de su tiempo y lugar. Lo valioso de su filosofía son las ideas universales que contiene sobre la naturaleza humana, no las nociones específicas que admitió como ciertas e incluso defendió por el hecho de ser ciudadano romano en la época del imperio.

Pero son precisamente las contingencias de tiempo y lugar las que nos obligan a replantear ciertos ejemplos de Epicteto, e incluso algunos preceptos éticos concretos. Por ejemplo, muchas veces habla de la esclavitud (¡recordemos que él mismo fue esclavo!), como si esa institución formara parte de la vida normal.[15] Bajo el Imperio romano, la esclavitud formaba parte de la vida cotidiana. De hecho, hoy sabemos a ciencia cierta que era la base y sostén de la economía del imperio. Otro ejemplo que podemos observar es la suposición de que la agresión física de un padre a un hijo forma parte de una buena educación,[16] lo que es falso según los modelos educativos más recientes. Por último, está el precepto de que las relaciones sexuales sean «puras» y limitarse al matrimonio y la procreación,[17] una postura que, para la sociedad actual, limita la sexualidad de forma totalmente innecesaria para cualquier persona, sea cual sea su género y orientación sexual.

Cuando Epicteto expone su teoría de la ética de los roles —es decir, la idea de que tener en cuenta los varios roles que desempeñamos en la sociedad, como padre, hija, amigo, colega, etcétera, sirve de orientación para nuestro comportamiento—, se refiere obviamente a la comprensión de esos roles típica de su propia época y cultura. Sin embargo, la humanidad ha logrado un avance moral en los últimos dos milenios,[18] y es de esperar que siga avanzando en el futuro, lo que significa que la forma de entender e interpretar esos roles siempre está cambiando.

Sin embargo, este reconocimiento del progreso cultural no altera sustancialmente la advertencia de Epicteto, es decir, que seamos respetuosos con nuestros padres y que quiénes son o cómo actúan hacia nosotros no es algo que podamos controlar. Los estoicos de hoy solo añadimos que esto no implica que debamos someternos a abusos físicos o psicológicos, ni siquiera por parte de nuestros padres. La puntualización es más importante de lo que pueda parecer a primera vista, porque podrían surgir dudas o confusiones legítimas sobre lo que de veras implica, en términos lógicos, la filosofía estoica, aparte de lo que esté arraigado en las costumbres de cada época. Un buen ejemplo es el feminismo, que abordamos dentro del siguiente tema, el de la justicia social.

Tema 7: Justicia social

Hoy por hoy, la expresión «justicia social» es sorprendentemente controvertida, así que empezaré por aclarar qué quiero decir cuando la utilizo en este contexto. Los antiguos estoicos iban significativamente por delante de su tiempo en cuanto a su forma de pensar acerca de las mujeres y los esclavos. Séneca, por ejemplo, escribe a su amiga Marcia en el siglo I de nuestra era que las mujeres tienen la misma capacidad analítica que los hombres, lo que significa que tienen la capacidad de estudiar y practicar la filosofía.[19] Además, afirma sin ambages que los esclavos son seres humanos como los demás, y como tal deben ser tratados.[20] Zenón, el fundador del estoicismo, llegó a referirse a la esclavitud como un mal ya en el siglo IV antes de nuestra era.[21] En cuanto al racismo, los antiguos grecorromanos simplemente no pensaban en las razas tal y como hoy entendemos este concepto. Nuestros debates sobre la raza tienen sus orígenes en el llamado racismo científico, que fue desarrollado durante la Ilustración y aplicado brutalmente en el marco del colonialismo. Para los grecorromanos, los esclavos (cuando no habían nacido así) eran individuos que, habiendo sido libres, habían perdido una batalla, algo que también podía ocurrir a los griegos y romanos, y de hecho ocurrió, en varias ocasiones.

Sin embargo, incluso una lectura superficial de Séneca o Epicteto asustará a más de un lector contemporáneo, ya que sus escritos están salpicados de comentarios denigrantes hacia las mujeres, que a menudo se utilizan para representar el parangón de la debilidad emocional. La cuestión es que, como los estudiosos modernos han ampliamente argumentado,[22] no hay razón alguna dentro del estoicismo para discriminar en base al sexo, género, etnia o cualquier otra categorización arbitraria o biológica de los seres humanos. Por el contrario, la noción fundamental estoica de cosmopolitismo[23] implica que cualquier discriminación de este tipo debe ser rechazada como incompatible con la filosofía estoica. De ahí mi reformulación de fragmentos pertinentes de Epicteto.

Esta no es la primera vez, ni será la última

En definitiva, no soy el primero que reescribe o actualiza el *Enquiridión*, y ciertamente tampoco seré el último. Esto puede sonar extraño e incluso pretencioso por mi parte, pero como ya he explicado, las filosofías de vida y las religiones no son entidades estáticas, sino que evolucionan a lo largo del tiempo.

Pensemos, por ejemplo, en la religión con la que crecí en Italia, el catolicismo romano. Muy pocas personas en el mundo, incluidos los llamados fundamentalistas, afirmarían que debemos leer el Antiguo y el Nuevo Testamento como si las normas sociales, y las morales en particular, hubieran atravesado los últimos dos milenios sin sufrir ninguna alteración. Por eso no existe una lectura «literal» de las Escrituras, a pesar de las proclamas grandilocuentes de ciertas almas descarriadas. Y si podemos reinterpretar y actualizar de forma razonable lo que algunos consideran palabras del mismísimo Dios, sin duda podemos hacer lo mismo con simples mortales como Epicteto. El *Enquiridión* no es, en efecto, un texto sagrado.

Al igual que Séneca, considero a Zenón, Epicteto, Marco Aurelio y, de hecho, al propio Séneca, mis guías, no mis maestros. Desde sus albores, el estoicismo estuvo marcado por vivos debates no solo con las escuelas rivales —los epicúreos, los escépticos académicos, los peripatéticos—, sino también a nivel interno. Ya he mencionado que Crisipo introdujo importantes innovaciones, desafiando directamente a las dos figuras más prominentes de la Estoa, Zenón y Cleantes. Los estoicos denominados medios Panecio y Posidonio también probaron nuevas direcciones, algunas de las cuales fueron incorporadas por generaciones sucesivas, otras descartadas. Hay límites, por supuesto, en cuanto a cuánto se puede revisar un sistema de ideas o filosofía. Quizá el más famoso de los «herejes» del estoicismo fue Aristón de Quíos, alrededor del año 260 a. C., tan solo unos cuarenta años después de la fundación de la Estoa. Rechazó la noción estoica comúnmente aceptada de que, para estudiar la ética, también son necesarias la lógica y la física. El sistema resultante acabó siendo muy parecido al de los cínicos, y al final Aristón abandonó por completo la Estoa.

Más tarde, durante el Renacimiento, Justo Lipsio (1547-1606) intentó proceder a una actualización radical de la filosofía estoica para hacerla abiertamente compatible con el cristianismo. Séneca fue el punto de partida de su obra, que influyó en varias figuras importantes de la primera Edad Moderna, como Montesquieu, Francis Bacon, Francisco de Quevedo y Peter Paul Rubens. Con el tiempo, la Iglesia prohibió el neoestoicismo por herético, pero tanto el cristianismo como el estoicismo siguieron cambiando y adaptándose a los tiempos.

La relación entre el cristianismo y el estoicismo, y en particular entre el cristianismo y Epicteto, es compleja y fascinante.[1] Se escribieron al menos cuatro versiones distintas del *Enquiridión* para formar a monjes cristianos, en los siglos X, XI, XIV y XVII. En algunos casos, las modificaciones del original eran menores, como sustituir a Sócrates por Pablo (de Tarso). En otros casos fueron más sustanciales, con secciones enteras omitidas o ampliadas, y nuevas secciones añadidas.

La versión contemporánea más reciente del *Enquiridión* la debemos a Sharon Lebelle en 1995, titulada *The Art of Living: The Classic Manual on Virtue, Happiness, and Effectiveness.* Se trata de una paráfrasis en lenguaje moderno, no de una actualización conceptual, pero no deja de ser un testimonio de la continua fascinación que Epicteto ejerce sobre las personas a través de culturas y milenios.

Naturalmente, la pregunta se plantea: ¿sigue siendo esto estoicismo? La respuesta variará según los casos y no convencerá a todos. Como siempre, cada uno tendrá que valorarlo y decidirlo. Aristón se consideraba estoico, hasta que dejó de hacerlo al darse cuenta de que sus creencias se habían alejado tanto de la doctrina original que ya no era razonable conservar la etiqueta. A pesar de que esta *Guía práctica* también se aleja en ciertos aspectos del *Enquiridión* de Epicteto, sigo llamando estoicismo a mi filosofía porque creo que se mantiene fiel, en su mayor parte, a la escuela fundada por Zenón y a la tradición que él inició.

En última instancia, las etiquetas no importan, por supuesto. Si, llegados a este punto del libro, algunos lectores pudieran pensar que lo que propongo ya no es estoicismo, no pasa nada. La verdadera cuestión, al final, es esta: ¿sirve de algo?

A estas alturas, espero que se entienda por qué me asombró no haber oído hablar de Epicteto antes de que me lo encontrara hace años por pura casualidad, por qué me enamoré, por así decirlo, de su pensamiento y su persona, y por qué decidí escribir un libro que es a la vez un homenaje a él y una forma novedosa de presentar su sabiduría a las nuevas generaciones, actualizada para reflejar los dos milenios que han pasado desde que disertó ante Arriano. Lo que pretendo es que este libro permita a varias generaciones futuras sacar provecho del legado del sabio de Hierápolis y de los estoicos en general.

Apéndice I

Mapa conceptual de las diferencias entre el *Enquiridión* y esta guía

Se trata aquí de cotejar lección por lección el *Enquiridión* original con mi *Guía práctica.* Si alguna lección no aparece nombrada explícitamente, eso quiere decir que mi versión es conceptualmente similar a la de Epicteto y no requiere ninguna aclaración especial. La primera columna de la tabla se refiere a la lección numerada en el *Enquiridión / Guía práctica*; la segunda es una síntesis del texto de Epicteto; la tercera, de mi punto de vista; y la última columna indica en cuál de los temas explicados en la sección interior se inscribe el cambio.

Sección	*Original*	*Nuevo*	*Tema general*
1	No se explica la dicotomía de control. // Hay que elegir entre progreso personal y acumulación externa. // Las sensaciones de cosas que no dependen de nosotros no deberían importarnos.	Añadido explicativo de la dicotomía de control; rechazo de la noción (moderna) de un continuo entre control y no control. // No hay que elegir entre el progreso y lo externo, tan solo asumir que al principio la práctica no será fácil. // Las sensaciones de cosas que no dependen de nosotros pueden generar preferencias, pero no deberían afectar la autoestima.	No hay que despreciar lo externo.
2	Desapegarse totalmente de las cosas externas, al menos al principio.	Cambiar de objetivos externos a internos. Se puede preferir un resultado determinado, siempre que se acepte un resultado contrario con ecuanimidad.	No hay que despreciar lo externo.
3	Tanto si se rompe una taza como si se muere un ser querido, debemos entrenarnos para que lo ocurrido no nos perturbe.	Preparémonos para la pérdida en general, pero no seamos insensibles en el duelo. Aceptar la realidad no implica renunciar a la empatía por los demás.	No hay que ser insensibles al duelo.

Sección	*Original*	*Nuevo*	*Tema general*
4	Hagamos lo que hagamos, también queremos preservar la armonía con el universo.	Queremos estar en armonía con los demás y con nosotros mismos.	Vivir según la naturaleza.
5	La muerte no puede ser mala, o así se lo hubiera parecido a Sócrates.	La muerte no es mala porque no la viviremos cuando llegue (argumento epicúreo). // Irracionalidad de quienes buscan impedir la muerte: cultos religiosos o tecnológicos.	Ciencia o metafísica, ambas discutibles.
7	El «capitán» que llama es una metáfora de Dios.	No hace falta invocar a los dioses. // La vida como un viaje.	Dios o los átomos.
8	Amemos lo que nos ocurra (*amor fati*, como diría más tarde Nietzsche).	No se puede amar algo que no procede de una Providencia benévola. Pero podemos aceptar con ecuanimidad lo que nos ocurra, alegrándonos cuando el viento sopla a favor y las cosas van bien y manteniendo la calma cuando no.	No hay que ser insensibles al duelo.
11	Referencia a un «Dador» de cosas, que luego nos retira.	No es necesario referirnos a ningún «Dador», pero podemos conservar la metáfora de la posada.	Dios o los átomos.
12	Mención a la esclavitud.	No consideramos la esclavitud como concepto.	Las costumbres no son universales ni inmutables.

Sección	*Original*	*Nuevo*	*Tema general*
13	O perseguimos lo externo o progresamos interiormente.	Podemos perseguir lo externo, pero debemos entrenarnos para pensar que no es lo más importante.	No hay que despreciar lo externo.
14	Mención a la esclavitud.	No consideramos la esclavitud como concepto.	Las costumbres no son universales ni inmutables.
15	Lo ideal sería despreciar lo externo, no solo tomarlo con moderación.	No hay que despreciar; eso es lo que haría un cínico, no un estoico.	No hay que despreciar lo externo.
16	Seamos empáticos con los demás y comprensivos con sus penas, pero recordemos no refunfuñar interiormente.	Cultivemos la ecuanimidad ante la adversidad, tanto la nuestra como la de los demás.	No hay que ser insensibles al duelo.
17	La metáfora de actuar en una obra de teatro contiene una referencia al «Dramaturgo», es decir, a Dios.	No es necesario un dramaturgo. // Una metáfora mejor para la vida es la de jugar una partida de póquer.	Dios o los átomos.
18	No hagamos caso de los presagios, porque solo pueden afectar a lo externo.	No hagamos caso de ninguna superstición, porque su «fundamento» es una comprensión equivocada del funcionamiento del mundo.	Ciencia o metafísica, ambas discutibles.
23	Nos volvemos hacia lo externo o hacia la filosofía.	Lo externo tiene valor, pero no es la finalidad que perseguimos.	No hay que despreciar lo externo.

Sección	*Original*	*Nuevo*	*Tema general*
26	La muerte de un hijo no es una catástrofe. // Mención a la esclavitud.	Perder a seres queridos es doloroso, pero recordemos que es algo natural y que también ocurre a los demás. Desarrollemos un sentido de ecuanimidad al respecto. // No aplicamos el concepto de esclavitud.	No hay que ser insensibles al duelo. // Las costumbres no son universales ni inmutables.
29	Seamos filósofos o continuemos persiguiendo lo externo. // Mención a la esclavitud.	No conseguiremos todo lo que quieres en la vida, y nuestra prioridad debe ser cultivarnos a nosotros mismos. // No aplicamos el concepto de esclavitud.	No hay que despreciar lo externo. // Las costumbres no son universales ni inmutables.
30	Sometámonos a nuestros padres, aunque nos peguen o abusen de nosotros.	A los padres hay que respetarlos, pero no a cualquier precio.	Las costumbres no son universales ni inmutables.
31	Mención a los dioses y a la piedad.	Mención a la red cósmica de causa-efecto, escepticismo hacia las figuras divinas.	Dios o los átomos.
32	Mención de la adivinación.	Rechazo de la superstición del tipo que sea.	Ciencia o metafísica, ambas discutibles.

Sección	*Original*	*Nuevo*	*Tema general*
33	Mención a la esclavitud. // Preservación de la pureza en lo que al sexo se refiere.	No aplicamos el concepto de esclavitud. // Aceptamos que las relaciones sexuales son más variadas, fluidas y complejas que en la época de Epicteto.	Las costumbres no son universales ni inmutables.
40	Aunque no tan acentuado como en la época, existe cierto sexismo.	No hay sexismo, ni discriminación contra ningún género o etnia.	Justicia social. // Las costumbres no son universales ni inmutables.
48	La persona que progresa ha desechado todo deseo.	La persona que progresa ha descubierto lo mejor que puede desear.	No hay que despreciar lo externo.
50	Los preceptos estoicos son como las leyes de la naturaleza.	Por lo que sabemos, no existen leyes éticas, ni legisladores, ni una esencia cósmica. Solo existen la sabiduría y la experiencia humanas.	Dios o los átomos.
53	Se habla de divinidad. Se menciona el famoso «Himno a Zeus» de Cleantes.	No nos referimos a dioses ni a oraciones, solo al viejo sentido común epictetiano.	Dios o los átomos.

Apéndice II

Bibliografía comentada sobre Epicteto, el estoicismo antiguo y el estoicismo moderno

La bibliografía disponible sobre el estoicismo antiguo es extensa y resulta fácil perderse en ella. A continuación, comparto una lista anotada de mis libros favoritos sobre el tema, en especial los que creo que pueden ser más útiles para el lector general. También he incluido algunas de las mejores (en mi opinión) traducciones de Epicteto. Como complemento a estas lecturas, he añadido una selección de lecturas útiles sobre el estoicismo actual. Pido disculpas de antemano por la presunción de incluir dos obras de mi autoría. Los libros están en orden alfabético del apellido del autor.

Becker, Lawrence, *A New Stoicism*, Princeton University Press, 2017. Con diferencia, la lectura más exigente de esta lista, pero también el único intento exhaustivo de diseñar un estoicismo coherente para el siglo XXI. He escrito un comentario aprobado por el autor, capítulo por capítulo, para facilitar la lectura (<https://howtobeastoic.wordpress.com/tag/a-new-stoicism/>).

GOLYN, Liz, *The Ethics of the Family in Seneca*, Cambridge University Press, 2017. Un innovador análisis comparativo de los escritos de Séneca, centrado en el concepto de familia como unidad fundamental donde empezamos a aprender a vivir éticamente.

GRAVER, Margaret, *Stoicism and Emotion*, University of Chicago Press, 2009. Un poco más difícil que la mayoría de las obras listadas, por lo que escribí un comentario capítulo por capítulo, aprobado por la autora (<https://howtobeastoic.wordpress.com/tag/stoicism-and-emotion/>). El único que aborda en profundidad la visión estoica de las emociones, muchas veces incomprendida.

HADOT, Pierre, *The Inner Citadel: The Meditations of Marcus Aurelius*, Harvard University Press, 2001. Un magnífico análisis de la filosofía de Marco Aurelio y de la enorme influencia que Epicteto ejerció sobre ella, aunque su lectura puede resultar difícil a ratos. Uno de los primeros textos que propiciaron el renovado interés actual por el estoicismo. En español: *La ciudadela interior*. Barcelona: Alpha Decay, 2013. Trad. de Maria Cucurella Miquel.

HARD, Robin, *Discourses, Fragments, Handbook*, Oxford University Press, 2014. En mi opinión, la mejor traducción moderna de las obras completas de Epicteto, con excelentes notas explicativas acompañando al texto.

HARD, Robin, *Marcus Aurelius Meditations: with Selected Correspondence*, Oxford University Press, 2011. La traducción moderna más rigurosa y a la vez amena de este clásico del emperador filósofo. La popular versión de Hayes es hermosa e inspiradora, pero se toma algunas libertades con el texto, por lo que yo la evitaría si se quiere dar sentido a Marco Aurelio en el contexto de la filosofía estoica, del que sin duda forma parte.

IRVINE, William, *A Guide to the Good Life: The Ancient Art of Stoic Joy*, Oxford University Press, 2008. Una introducción ágil y práctica al estoicismo, que incluye un excelente análisis de las técnicas psicológicas estoicas. Sin embargo, hay que estar atentos a la tendencia del autor al eclecticismo (mezcla de filosofías de vida), y ser escépticos con respecto a la transformación de la dicotomía de control de Epicteto en una tricotomía. En español: *El arte de la buena vida: Un camino hacia la alegría estoica.* Barcelona: Planeta, 2019. Trad. de Antonio Francisco Rodríguez Esteban.

IRVINE, Williams, *The Stoic Challenge: A Philosopher's Guide to Becoming Tougher, Calmer, and More Resilient*, W. W. Norton & Company, 2019. Se centra esencialmente en un «truco» estoico fundamental, respaldado también por la investigación psicológica moderna: el efecto de encuadre. Por muy contrario al sentido común que parezca, la forma como vemos las situaciones difíciles y contratiempos depende de nosotros, y esa decisión es inmensamente útil para afrontarlos mejor.

JOHNSON, Brian, *The Role Ethics of Epictetus: Stoicism in Ordinary Life*, Lexington Books, 2016. El abordaje más completo y accesible de la ética de los roles de Epicteto, la idea de que en la vida manejamos tres tipos de roles: miembro de la cosmópolis humana, múltiples roles que elegimos (por ejemplo, padre, amigo, compañero de trabajo) o que dictan las circunstancias (hijo, nacido en un determinado país, miembro de una determinada etnia o género...).

LONG, Anthony, *Epictetus: A Stoic and Socratic Guide to Life*, Clarendon Press, 2002. Long es uno de los principales estudiosos (y traductores) de Epicteto. En esta obra nos brinda una panorámica de la filosofía de Epicteto y de cómo esta refleja la influencia de Sócrates. Incluye una pertinente discusión sobre la relación entre la «teología» estoica y la ética.

PIGLIUCCI, Massimo, *How to Be a Stoic: Using Ancient Philosophy to Live a Modern Life*, Basic Books, 2017. Una introducción muy personal al estoicismo en torno a breves diálogos imaginarios con Epicteto y anécdotas personales. Abarca un amplio abanico de temas, entre los cuales sobresale el relativo a cómo utilizar los modelos de conducta, cómo afrontar la discapacidad y la enfermedad mental, cómo lidiar con la ira, la ansiedad y la soledad. En español: *Cómo ser un estoico: Utilizar la filosofía antigua para vivir una vida moderna.* Barcelona: Ariel, 2017. Trad. de Francisco García Lorenzana.

PIGLIUCCI, Massimo y LOPEZ, Gregory, *A Handbook for New Stoics: How to Thrive in a World out of Your Control—52 Week-by-Week Lessons*, The Experiment, 2019. Una guía muy práctica del estoicismo como filosofía de la experiencia. Mi amigo Greg y yo presentamos cincuenta y dos ejercicios, extraídos de fuentes estoicas originales y organizados según las tres disciplinas de Epicteto, que podemos probar para ver si el estoicismo nos va a ser realmente útil en la vida. En español: *Cómo prosperar en un mundo fuera de tu control.* Barcelona: Booket, 2024. Trad. de Jorge Paredes.

ROBERTSON, Donald, *Stoicism and the Art of Happiness: Practical Wisdom for Everyday Life*, Teach Yourself,

2018. Explica en un lenguaje claro y accesible las importantes afinidades entre el estoicismo y la terapia cognitivo-conductual, y hace una serie de sugerencias prácticas sobre cómo aplicar el estoicismo a nuestra vida diaria.

ROBERTSON, Donald, *How to Think Like a Roman Emperor: The Stoic Philosophy of Marcus Aurelius*, St. Martin's Press, 2019. Una interesante amalgama de biografía filosófica de Marco Aurelio y abordajes cognitivo-conductuales para practicar el estoicismo. Las lecciones de vida del filósofo-emperador son valiosas en sí mismas. En español: *Piensa como un emperador romano: La filosofía estoica de Marco Aurelio para dominar tus emociones y gobernar tu vida.* Barcelona: Temas de Hoy, 2024. Trad. de Carlos Díaz Romero.

SELLARS, John, *The Art of Living: The Stoics on the Nature and Function of Philosophy*, Bloomsbury Academic, 2013. Una argumentación bien presentada de la filosofía como «arte de vivir», y de cómo los estoicos llevaron este concepto a la práctica. Es en este libro donde Sellars sugiere que muchas de las lecciones del *Enquiridión* se pueden organizar según las tres disciplinas de Epicteto, sugerencia que he seguido en esta guía práctica. Aviso a navegantes: Sellars usa con frecuencia palabras griegas para mayor precisión. ¡Te acostumbrarás enseguida! En español: *Lecciones de estoicismo.* Barcelona: Taurus, 2021. Trad. de Abraham Gragera.

SELLARS, John, *Stoicism*, Routledge, 2014. Una introducción concisa y clara al sistema estoico, que incluye excelentes apuntes sobre la ética, la física y la lógica estoicas.

STEPHENS, William, *Marcus Aurelius: A Guide for the Perplexed*, Continuum, 2011. Una estupenda introducción al filósofo-emperador, que lo sitúa en su época y explica a la perfección su filosofía. Un valioso complemento a cualquier lectura de las *Meditaciones*.

ASMIS, Elizabeth, BARTSCH, Shadi y NUSSBAUM, Martha C. (eds. de la serie), *The Complete Works of Lucius Annaeus Seneca*, University of Chicago Press, 2010–2017, 7 volúmenes. Un esfuerzo titánico por parte del sello académico de la Universidad de Chicago para publicar traducciones completamente nuevas de todos los libros disponibles de Séneca. Incluye las tragedias (dos volúmenes), escritos sobre la ira y la clemencia, sobre los reveses y la dicha, sobre cómo afrontar las ganancias, sobre filosofía natural y, por supuesto, las 124 cartas a Lucilio.

Agradecimientos

Deseo expresar mi sincera gratitud a los muchos colegas y amigos que me han introducido en el estoicismo y me han enseñado los entresijos de esta maravillosa filosofía, en particular a Larry Becker (*in memoriam*), Bill Irvine, Gregory López, Don Robertson y John Sellars. Gracias a mi maravillosa agente, Tisse Takagi, a mi paciente editor, T. J. Kelleher, y a mi correctora, Lisa Reardon, sin los cuales esta obra hecha con tanto amor nunca habría visto la luz. Y gracias especialmente a mi mujer, Jennifer, que ha sido mi más entusiasta aliada a lo largo de este proyecto, por no decir que ha sido una editora tan atenta del propio manuscrito que el resultado final ha mejorado considerablemente gracias a su labor.

Notas

Epicteto y yo

1. Acababa de inscribirme en la «Semana Estoica», una introducción anual a la filosofía y la práctica estoicas organizada por modernstoicism.com. Lo cuento con lujo de detalles en mi libro *How to Be a Stoic*, Basic Books, 2017. [Hay trad. cast.: *Cómo ser un estoico: Utilizar la filosofía antigua para vivir una vida moderna.* Barcelona, Ariel, 2017, trad. de Francisco García Lorenzana.]

2. *Discursos* I, 1.32.

3. Orígenes, *Contra Celso,* libro VII, sección 53, <http://www.earlychristianwritings.com/text/origen167.html>. (La Biblioteca de Autores Cristianos cuenta con una excelente traducción publicada en 1967, pero no superada. *N. del T.*)

4. *Discursos* II, 12.24-25.

5. Hay una historia divertida y esclarecedora sobre lo ocurrido tras la muerte de Epicteto. Para situarla, tengo que citar primero un fragmento de los *Discursos* (I, 29.21) donde explica a sus alumnos cómo reaccionó cuando un ladrón le robó su lámpara nocturna:

Así fue como llegué a quedarme sin mi lámpara: el ladrón era más capaz que yo de permanecer despierto. Pero se hizo con la lámpara a un precio: se convirtió en ladrón por ella, por ella perdió su capacidad de ser digno de confianza, por una lámpara se convirtió en un delincuente. Y se imaginó que había salido ganando.

A la luz de todo esto, es interesante leer a Luciano de Samósata (125-180 de nuestra era) en sus *Contra un ignorante que compraba muchos libros* (José J. de Olañeta [ed.], 2013, trad. de Abel Vidal):

> Seguimos teniendo ejemplos en nuestros días: estoy convencido de que el hombre que pagó 3.000 dracmas por la lámpara de Epicteto el Estoico aún vive.
>
> Supongo que pensó que solo tenía que leer a la luz de esa lámpara, y la sabiduría de Epicteto le sería comunicada en sueños, y él mismo asumiría la apariencia de ese venerable sabio.

Debo confesar que hace unos años compré una lámpara romana de barro del siglo II por la módica cantidad de 750 dólares. Nada me autoriza a pensar que fuera de Epicteto. Tampoco creo que me haya hecho más sabio.

6. «Sabemos analizar argumentos y tenemos la habilidad necesaria para evaluar aquellos lógicos y competentes. Pero ¿qué hago en la vida? Lo que hoy afirmo que es bueno mañana juraré que es malo. Y la razón es que, comparado con lo que sé sobre silogismos, mi conocimiento y experiencia de la vida se quedan muy atrás» (*Discursos* II, 3.4-5). Debe ser por eso por lo que, notoriamente, los profesores de filosofía

moral no son más morales que un académico medio; véase Eric Schwitzgebel y Joshua Rust, «The Moral Behavior of Ethics Professors: Relationships Among Self-Reported Behavior, Expressed Normative Attitude, and Directly Observed Behavior», *Philosophical Psychology* 27, núm. 3, 2014, 293-327.

7. En Robin Hard, trad., *Epictetus—Discursos, Fragments, Handbook,* Oxford World Classics, 2014.

Estoicismo para principiantes

1. Diogenes Laertius, *Lives and Opinions of the Eminent Philosophers* VII.2-3, Delphi Classics, 2015, <https://www.delphiclassics.com/shop/diogenes-laertius/>. [Hay trad. cast.: *Vidas y opiniones de los filósofos ilustres,* Madrid, Alianza, 2013, trad. de Carlos García Gual.]

2. Preparé con Gregory López una lista detallada de cincuenta y dos prácticas estoicas y cómo aplicarlas en la vida: Massimo Pigliucci y Gregory Lopez, *A Handbook for New Stoics: How to Thrive in a World out of Your Control,* The Experiment, 2019.

Filosofía epictetiana para principiantes

1. Diogenes Laertius, *Lives and Opinions* VII.183. [Hay trad. cast.: *Vidas y opiniones de los filósofos ilustres,* Madrid, Alianza, 2013, trad. de Carlos García Gual.]

2. Encontramos un análisis detallado de la dicotomía de control y de las tres disciplinas en Pierre Hadot, *The Inner Citadel: The Meditations of Marcus Aurelius,* Harvard University Press, 2001 (en particular los

capítulos 5-8). [Hay trad. cast.: *La ciudadela interior*, Barcelona, Alpha Decay, 2013, trad. de Maria Cucurella Miquel.]

3. Véase, por ejemplo, Séneca, *Cartas* 9.13; 36.6; 51.9; 59.18; 66.22, 34, y 50; 74.1 y 19; 76.21 y 32; 82.5; 85.40; 92.24; 98; 118.4; 119.11, Delphi Classics, 2014, <https://www.delphiclassics.com/shop/seneca-the-younger/>.

4. Cicerón, *De Finibus Bonorum et Malorum* III.22, Delphi Classics, 2014, <https://www.delphiclassics.com/shop/cicero/>.

5. En William Irvine, *A Guide to the Good Life: The Ancient Art of Stoic Joy*, Oxford University Press, 2008. [Hay trad. cast.: *El arte de la buena vida: Un camino hacia la alegría estoica*, Barcelona, Planeta, 2019, trad. de Antonio Francisco Rodríguez Esteban.]

6. Las pruebas empíricas actuales sobre lo que nos hace felices y lo que en realidad no influye mucho en nuestra felicidad, las resume Richard Layard en *Happiness: Lessons from a New Science*, Penguin, 2005. Resulta que los estoicos estaban en lo cierto cuando afirmaban que la felicidad viene de dentro y que lo externo contribuye relativamente poco.

7. La noción de que todo fluye y de que no hay permanencia de los objetos en ninguna parte del cosmos es un aspecto importante de la metafísica estoica, y se debe al filósofo presocrático Heráclito, que dijo *panta rhei*, todo cambia. Afirmaba, por ejemplo, que nunca nos bañamos dos veces en el mismo río, porque el río es una entidad dinámica, nunca estática. Sobra decir que nosotros también.

8. *Discursos* III, 10.

1. *Cartas a Lucilio,* 33.11.

2. *Vidas y opiniones de los filósofos ilustres,* VII.39-40.

3. *Vidas y opiniones de los filósofos ilustres,* VII.87-88.

4. En el capítulo 5 de Lawrence C. Becker, *A New Stoicism,* Princeton University Press, 2017.

5. *Enquiridión* 4.

6. Véase Peter T. Struck, *Divination and Human Nature: A Cognitive History of Intuition in Classical Antiquity,* Princeton University Press, 2018.

7. Véase Brad Inwood, ed., *The Cambridge Companion to the Stoics,* Cambridge University Press, 2003. En particular, capítulo 6, «Stoic Theology», por Keimpe Algra, y capítulo 15, «Stoicism in the Philosophical Tradition: Spinoza, Lipsius, Butler», por Anthony A. Long.

8. *Vidas y opiniones de los filósofos ilustres,* VII.135-138.

9. *Discursos* II, 6.9-10.

10. Algunos filósofos modernos han rescatado una idea similar, conocida como *panpsiquismo,* basada en la suposición de que la ciencia no puede resolver el problema de la conciencia. Estos colegas piensan que, si la conciencia es «elemental», es decir, una propiedad básica de la materia, no habría ningún problema para entender la conciencia. Aquí explico por qué la conciencia es un problema eminentemente científico: <https://aeon.co/essays/consciousness-is-neither-a-spooky-mystery-nor-an-illusory-belief>, y los lectores que quieran profundizar pueden consultar mi debate sobre el panpsiquismo con Philip Goff, uno de los más destacados defensores de la idea: <https://letter.wiki/conversation/277>.

11. Los estoicos contaban con una serie de argumentos adicionales para apoyar su teología, pero el argumento del diseño es, con diferencia, el más sólido. Los otros los describe Cicerón en el Libro II de *De Natura Deorum* (Delphi Classics, 2014, <https://www.delphiclassics.com/shop/cicero/>) sobre la naturaleza de los dioses.

12. *Discursos* I, 6.

13. Este es un buen ejemplo de metafísica contemporánea de tipo filosofía primera: David Chalmers, David Manley y Ryan Wassermann (eds.), *Metametaphysics: New Essays on the Foundations of Ontology*, Oxford University Press, 2009. Y he aquí una obra que ilustra bien el enfoque alternativo, que yo defiendo: Don Ross, James Ladyman y Harold Kincaid (eds.), *Scientific Metaphysics*, Oxford University Press, 2015.

14. También he mencionado los compromisos políticos, así que permítaseme ampliarlo brevemente: no creo que el estoicismo implique una visión específica de la política, por ejemplo, una progresista-liberal. Alguien puede ser un auténtico practicante del estoicismo y abrazar una ideología o posición política cualquiera entre un considerable abanico de opciones, incluido el libertarismo (así llamado en Estados Unidos, pero conocido como «liberalismo clásico» en Europa) y el conservadurismo. Sin embargo, al igual que en el caso de la metafísica tratada en el texto principal, hay límites: sencillamente, no puedo concebir la coherencia de un «fascismo estoico» o un «fundamentalismo virtuoso».

15. Por ejemplo, *Enquiridión* 12, 14, 26 y 29.

16. *Enquiridión* 30.

17. *Enquiridión* 33.

18. Para los filosóficamente curiosos: cuando digo que la humanidad ha progresado moralmente, no pretendo respaldar ningún sentido metafísicamente fuerte de «progreso». No creo, por ejemplo, que las verdades morales estén «ahí fuera» por descubrir, y que existan de forma independiente de la mente. (Es decir, no soy lo que los filósofos llaman un realista moral.) Creo que la moral es una invención humana. Pero también creo que está limitada por hechos empíricos sobre la naturaleza humana, en particular hechos relativos a lo que los seres humanos quieren y por qué, lo que hace que una vida florezca, etcétera. Por utilizar una analogía, pensemos en la evolución (y el progreso constante) del diseño de los aviones. Los aviones son inventos humanos, no existirían sin los seres humanos. Pero su diseño y sus capacidades están limitados por las leyes de la física. Cuanto más descubramos, empíricamente, sobre la naturaleza humana, y cuanto más reflexionemos, filosóficamente, sobre el problema de vivir una vida que merezca la pena ser vivida, más «progreso» es probable que hagamos. Esta postura, creo, coincide perfectamente con el planteamiento estoico, y subyace a su insistencia en que para vivir una vida eudaemónica (ética) necesitamos razonar correctamente (lógica) y aprender sobre cómo funciona el mundo («física»).

19. Séneca, *Consolación a Marcia,* en *Consolación* XVI, Delphi Classics, 2014, <https://www.delphiclassics.com/shop/seneca-the-younger/>.

20. Séneca, *Cartas a Lucilio* XLVII, Delphi Classics, 2014, <https://www.delphiclassics.com/shop/seneca-the-younger/>.

21. «Defienden que solo [el sabio] es libre y que los hombres malos son esclavos, siendo la libertad la

capacidad de acción independiente y la esclavitud, la privación de esta; aunque también existe otra forma de esclavitud que consiste en la subordinación, y una tercera que implica la posesión del esclavo, así como su subordinación; el correlato de tal servidumbre es la dominación; que también es mala...» (Diogenes Laertius, *Vidas y opiniones* VII.1.121-122).

22. Emily McGill y Scott Aikin, *Stoicism, Feminism, and Autonomy, Symposion* 1, núm. 1, 2014, 9-24.

23. Véase Massimo Pigliucci, «When I Help You, I Also Help Myself: On Being a Cosmopolitan», *Aeon*, <https://aeon.co/ideas/when-i-help-you-i-also-help-myself-on-being-a-cosmopolitan>.

No es la primera vez, ni será la última

1. Véase John Sellars (ed.), *The Routledge Handbook of the Stoic Tradition*, Routledge, 2016.